돈 버는
절대 회계

사업의 이익을 극대화하는 가장 쉬운 회계

돈 버는 절대 회계

박경민 지음

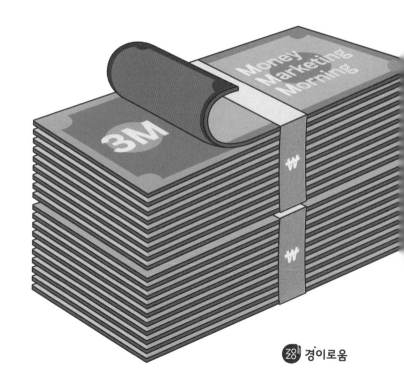

경이로움

◆

회계 없는 사업은
성공할 수 없다

처음 회계사무소를 개업했을 때는 나름 거창한 꿈이 있었다. 큰 회계법인에서 배운 지식과 경험을 바탕으로 중소기업에 도움이 되는 회계 서비스를 제공하고 싶었다. 하지만 필자의 이런 야심 찬 계획이 꺾이는 데는 그리 오랜 시간이 걸리지 않았다.

법인세 결산 미팅을 준비하며 스스로 보기에도 완벽한 재무제표를 가지고 가서는, 제대로 된 설명은커녕 1시간 넘게 사업이 너무 힘들다는 대표의 푸념을 듣기 마련이었다. 그런 분위기에서는 재무제표는 고사하고, 법인세 납부서를 보여주기조차 힘들었다. 설사 그것을 보여주기까지는 어렵게 성공했더라도 대부분 다음과 같은 탄식이 돌아왔다.

"번 것도 없는데, 이렇게 세금을 많이 내야 해요?"

열에 일고여덟은 이와 비슷한 반응이었다. 처음에는 이런 답변이 얄밉기도 했다. '번 게 있으니 세금이 나오는 건데, 나한테 수수료를 주기 싫어서 오리발을 내미는 건가?' 하는 생각도 들었다. 그러나 계속 똑같은 답변을 듣다 보니 이런 생각이 들었다.

'만약 대표들의 반응이 진실이라면, 번 돈은 과연 어디로 갔을까?'

사업은 고객에게 가치를 인정받아 돈을 버는 일련의 과정이다. 고객의 주머니에서 출발한 돈이 회사의 통장으로 갔다가 마지막에는 대표의 주머니로 흘러가는 것이다. 이 과정이 아주 간단해 보이고 상식처럼 느껴지지만, 신기하게도 필자가 만난 대부분의 중소기업 대표는 이 흐름을 따라가기 매우 힘들어했다. 분명히 돈이 회사의 통장으로 들어온 것 같기는 한데, 무슨 정치인의 비자금 배달 사고라도 난 것처럼 대표의 주머니까지는 들어오지 못하고 중간에 다 없어지고 만다. 정말 미칠 노릇이다!

이 모든 사태의 원인을 찾자면, 대부분 사업의 돈을 관리하는 노하우가 없다는 데 있다. 사업의 돈 관리가 되어야 비로소 사업으로 부자가 될 수 있다. 물론 돈 관리를 제대로 안 해도 한두 해는 대박이 나서 잠깐 큰돈을 거머쥘 수 있을지 모른다. 하지만 그것이 궁극적인 부로 축적되기 위해서는 사업의 돈이 흘러가는 일련의 과정을 반드시 공부해야 한다. 그래야 자신이 하는 사업의 과거 실적과 현재 상태를 있는 그대로 바라볼 수 있기 때문이다. 그래야 사업의 미래를 그려볼 수 있기 때문이다. 그래야 대표가 없으면 바로 망하고 마는 '장사'에서 벗어나, 남에게 회사의 매각도 꿈꿔볼 수 있는 '사업'을 할 수 있기 때문이다.

자신의 사업을 장사에서 진짜 사업으로 도약하는 데 필요한 회계 지식은 그리 많지 않다. 고객의 돈이 어떤 과정으로 자신의 통장으로 들어오는지 그리고 어떤 과정 거쳐서 비용, 세금, 배당 등의 형태로 나가게 되는지만 공부하면 된다. 또 중요한 숫자만 몇 개 추려서 최대한 자주 확인하면 된다. 그뿐이다. 그러면 장사에서 사업으로 '퀀텀 점프'할 수 있다. (퀀텀 점프는 물리학에서 나오는 용어인데, 양자가 어떤 상태에서 다음 상태로 불연속적으로 도약하는 현상을 말한다. 일반적으로 경영학에서는 기업이 기존의 틀을 깨는 혁신을 이뤄 그다음 단계로 비약적으로 성장하는 모습을 '퀀텀 점프'라고 한다.) 자신의 일을 장사에서 사업으로 퀀텀 점프시키기 위한 최소한의 돈 관리 방법을 정리한 책이 바로 이 책이다.

필자는 물리학을 전공했다. 처음 회계를 공부할 때는 모든 것이 생소했다. 심지어 재무상태표의 한 구성 요소인 자산이라는 말조차 '재산이 아니라 왜 자산이지?'라는 생각을 하며 쉽게 받아들이지 못했다. 회계라는 것에 얼마나 거부감이 큰지 정말 잘 알기에, 서점에서 찾을 수 있는 가장 쉬운 회계책을 쓰고 싶었다. 하루면 뚝딱 끝낼 수 있도록 쉽게 읽히는 책을 쓰고 싶었다. 그러면서도 책의 내용은 사업을 하는 내내 쉽게 써먹을 수 있는 실전 지식이 되었으면 하는 바람이었다. 이런 필자의 욕심이 성공했는지 여부는 독자들의 판단에 달려 있기에 설레면서도 걱정스럽다.

이 책을 정독하는 많은 기업의 대표와 예비 창업자들에게 가장 가성비가 좋은 투자가 된다면 필자로서 더 바랄 게 없겠다. 부디 이 책을 집은 독자들은 처음부터 돈 관리를 잘해서 사업으로 거대한 부를 이루길 진심으로 기원한다.

박경민

차례

◆

PART 2 • 절대 회계 3M

PART 1

◆

돈 버는
회계

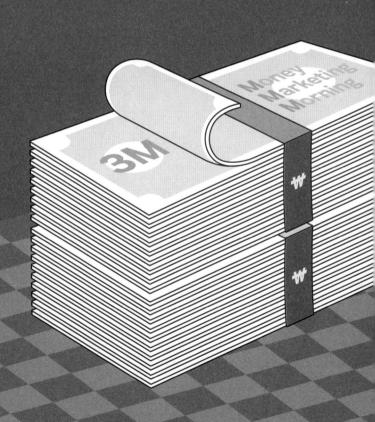

돈 버는 사업 vs.
돈 못 버는 사업

하나도 힘들다는 올림픽 금메달을 23개나 딴 선수가 있다. 바로 그는 전 미국 국가대표 수영 선수인 마이클 펠프스다. 다음은 그가 한 말이다.

"저는 막 잠들려는 순간에 제가 하고 싶은 게 정확히 무엇인지 알 때까지 시각화 훈련을 합니다. 물속으로 뛰어들고, 미끄러지고, 팔을 휘젓고, 턴을 하고, 벽을 짚고, 지점별 통과 시간을 1/100초대까지 측정합니다. 그리고 그렇게 경기를 끝마치기 위해 필요한 만큼 수차례 수영을 반복합니다."

대한민국의 수많은 대표들이여! 자신의 사업을 이만큼 구체적으로 시각화해본 적이 있는가?

사업을 왜 하는가?

왜 사업을 하는가? 물론 '사회에 이바지하기 위해서' 사업을 한다고 대답하는 사람도 있겠지만, 몇 단계만 더 파고들면 사업을 하는 가장 큰 이유는 바로 '돈을 벌기 위해서'다. 돈을 벌 필요가 없다면 자원봉사 단체에 들어가 활동을 하면 되지, 굳이 머리 아프게 사업을 할 필요는 없을 것이다.

어떤 이에게 사업이란 '축복'이다. 사업으로 그토록 바라던 돈을 벌 수 있다. 그 돈으로 평소에 갖고 싶었던 외제차를 살 수 있고, 지긋지긋한 세입자 신분에서 벗어나 내 집도 구매할 수 있다. 두둑한 결혼 자금도 마련할 수 있으며, 자녀를 좋은 학교로 보낼 수도 있다. 부모님께 비로소 자식 도리도 할 수 있으며, 큰 부를 얻고 나면 후손을 위해 거액의 기부도 할 수 있다.

하지만 어떤 이에게는 '재앙'이다.

"예전에 사업해서 10억 날렸어요!"

"내가 그때 그 사업만 안 했더라도…."

"다시는 사업 안 할 거예요. 월급 받는 게 최고더라고요."

이와 같이 한탄하는 사람들을 살면서 한두 명은 꼭 만나봤을 것이다. 사업을 시작했으면 반드시 돈을 벌어야 한다. 그러나 많은 대표가 돈을 벌지 못한다. 돈을 벌려고 사업을 시작했는데, 돈을 벌기는커녕 잃고 있으니 거기서부터 인생의 재앙이 시작된다.

직원들의 월급날은 고개만 돌리면 다가와 있다. 분명히 번 게 없는데 세무사무소에서는 세금을 내라고 계속 납부서를 보내온다. 이자율이 낮다고 빌린 대출금은 어느새 만기가 다가와 있고, 연장하려고 알아봤더니 이자가 대폭 올라간다고 한다. 몇 달이라도 더 버텨보려고 정부지원금을 알아봤지만 어찌 된 일인지 나는 해당 사항이 없단다. 집에 생활비를 가져다준 지가 언제인지도 기억나지 않는다. 법원에 파산신청도 알아봤지만 자존심이 차마 그것만은 허락하지 않는다.

이처럼 사업을 해서 돈을 벌지 못하면 그에 따른 고통은 어마어마하다. 심지어 내게 가장 소중한 자산인 '생명'마저도 내던지는 이가 있지 않은가! 왜 누구는 사업으로 자신이 꿈꾸던 삶을 살고, 왜 어떤 이는 사업 때문에 인생이 나락으로 떨어질까?

이에 대한 답변은 수천수만 가지, 아니 수백만 가지가 될 것이다. 사업 아이템이 좋지 않았을 수도 있다. 직원들을 잘못 뽑아서일 수도 있다. 하지만 이 책에서는 많은 사람이 간과하는 아주 중요한 사실 하나를 강조하고자 한다.

측정할 수 없으면 개선할 수 없다

다음과 같은 두 가지 경우를 생각해보자.

하루는 동생이 어김없이 '다이어트'를 하겠다고 선언했다. 세 달 만에 10kg을 빼겠단다. 늘 있는 일이니 그러려니 했다. 그리고 한 달쯤 지나서 동생에게 물어봤다.

"몇 킬로 뺐어?"
"몰라."
"왜?"
"체중계에 안 올라가봤거든."
"……."

어떤 생각이 드는가?

"바보 아니야?"

"이런 말도 안 되는 이야기를?"

"기본이 안 돼 있는데 뭘 하겠어!"

대략 이 정도의 반응을 보일 것이다. 그렇다면 어느 대표의 인터뷰를 살펴보자.

"대표님, 안녕하세요!"

"네."

"한 가지만 여쭙겠습니다. 사업은 왜 시작하신 건가요?"

"돈 벌려고 시작했죠!" (시간 아깝게 뭘 이리 당연한 걸 물어보지?)

"그렇다면 지난달에 얼마 버셨나요?"

"아… 그건 잘 모르겠습니다."

"왜죠?"

"따로 계산을 안 해봤거든요…." (세무사무소에서 그런 건 정리해서 안 보내주던데요.)

"……."

이게 얼마나 황당한 상황인가! 돈을 벌려고 사업을 하는데 얼마를 버는지 모른다? 말도 안 되는 상황이라고 생각하지만, 필자의 경험상 최소 80% 이상의 중소기업 대표가 갖고 있는 문제다. 믿기지 않는다면 다음 네 가지 질문을 자신에게 던져봐라. 독자가 대표가 아니라면 주위에 있는 대표들에게 물어보자.

Q1. 지난달에 얼마를 벌었는가? (회계 용어로 '매출액'이라고 한다.)

Q2. 지난달에 얼마를 남겼는가? (매출액에서 비용을 빼고 남은 돈을 '이익'이라고 한다.)

Q3. 고객사에서 받을 돈이 얼마인가? ('매출채권' 또는 '미수금'이라고 한다.)

Q4. 거래처에 줄 돈은 얼마인가? ('매입채무' 또는 '미지급금'이라고 한다.)

필자가 만난 80% 이상의 중소기업 대표는 이 질문들에 바로 대답하지 못했다. 대부분 첫 번째 매출액 정도만 겨우 대답했거나 하나도 대답하지 못했다. 그리고 50% 정도의 대표는 제법 많은 시간을 줘도 답변하지 못했다. 즉 위 질문들에 답변할 수 있는 방법이나 시스템을 전혀 갖추지 못했기 때문에, 대표가 와도 심지어 담당 직원이 와도 쉽게 답변하지 못하는 것이다. 겨우 항변한다는 말이 이거다.

"우리 회계사랑 세무사는 매월 기장료를 받아 가면서 왜 이런 것도 안 챙겨주지?"

아이고, 인생 역전을 꿈꾸며 사업해서 돈을 벌고자 하는데, 본인이 얼마 버는지 남이 안 챙겨줘서 모른다고? 세무사무소는 그런 업무를 하는 곳이 아닐뿐더러 소위 사업의 책임자인 '대표'가 하는 변명치고는 너무 무책임하고 무대책이지 않은가! 다이어트한다고 호언장담했던 동생이 체중조차 재고 있지 않다면 그 진정성을 의심할 수밖에 없지 않은가.

이에 관해 더 이야기를 이어가기 전에, 의외로 '세무사무소'의 업무 범위를 오해하는 대표들이 많은 것 같아 이것을 먼저 정리해보도록 하자. 여기서 의미하는 세무사무소는 '세무기장' 업무를 대신해주는 회계법인, 세무법인, 회계사무소, 세무사무소 등의 호칭을 모두 포괄해 쓴 것이다.

당신의 세무사무소는 당신의 사업에 관심이 없다

이번 장의 제목을 조금 자극적으로 지었지만 제목 뒤에 괄호로 하나 더 넣고 싶은 문장이 있다.

'당신의 세무사무소는 당신의 세금에만 관심이 있다!'

그러면 충분하지 않은가? 세금신고에 관한 업무 대행을 맡기고자 세무사무소와 계약한다. 따라서 세무사무소는 세금신고만 큰 문제가 없도록 해주면 그 역할은 다한 것이다. 거기다 추가로 뭔가를 요구하는 것은 야박하게 이야기해서 '계약 위반'이자 '억지'다.

그럼에도 불구하고 많은 대표는 세무사무소가 숫자와 관련한 업무는 다 해줄 거라고 착각한다. 착각은 자유지만 세무사무소는 그럴 생각이 없을뿐더러 그럴 의무도 없다. 사업은 대표가 하는 것이고, 세무사무소와의 계약상 업무 외에 뭔가 더 필요한 것이 있다면 추가 계약을 맺든지, 직원을 채용해서 해결하든지, 그것도 힘들면 직접 하든지, 이렇게 세 가지 정도의 방법만 있을 뿐이다.

회계의 세 가지 종류

세무사무소의 업무 범위에 대해 보다 명확하게 이해하기 위해서는 약간의 회계 지식이 필요하다. 이론적으로 정확한 분류는 아니지만 더 쉽게 이해할 수 있도록 회계를 크게 세 가지로 구분해 보자.

① 재무회계
② 세무회계
③ 관리회계

재무회계는 회사의 외부 사람들에게 사업의 성과와 현황을 보여주기 위해 필요한 것이다. 외부 사람들이란 크게 은행과 같은 금융기관이나 주주와 같은 투자자를 말한다. 회사마다 제멋대로 성과와 현황을 정리한다면 외부 사람들 입장에서는 이해하기가 너무 어려울 것이다. 은행이 돈을 1,000군데 빌려줬는데 1,000개의 회사가 모두 각자의 방식으로 회계 정보를 보내준다면 어떨지 상상해보면 된다. 이를 방지하기 위해 서로 약속한 규칙에 따라 회계처리를 하는 것이 중요한데, 이것을 정리해놓은 게 '재무회계'다. 사업의 규모가 일정 규모 이상일 때는 국가가 회계법인으로 하여금 해당 회사의 회계처리가 규칙에 따라 잘 이뤄졌는지 확인하도록 하는데, 이것이 바로 '회계감사'다.

'세무회계'는 국세청에 세금을 잘 신고하기 위해 필요한 규칙들을 정리해놓은 것이다. 외부 사람들이 눈여겨보는 것과 세금징수를 위해 국가가 주의 깊게 보는 것이 다르기 때문에, 재무회계와 세무회계는 80~90%가 비슷하지만 10~20%는 다를 수밖에 없다.

사업을 시작해 세무사무소에 소위 '기장'을 맡긴다는 게 바로 이 '세무회계' 업무 대행을 뜻한다. 즉 세금신고를 문제없이 하는 데 필요한 장부 작성을 전문회사에 아웃소싱하는 것이다.

규모가 작은 대부분의 중소기업은 회계감사 의무가 없기 때문에 세무회계 자료를 재무회계 대용으로 사용한다. 예를 들어 은행에 재무제표를 제출할 때 세무사무소에서 받은 국세청 신고 자료를 제출하고 은행에서도 대부분 이를 수용한다. 하지만 엄밀하게 이야기하면 실무상 편의를 위해서 그렇게 돌아가는 것이지, 재무회계와 세무회계는 엄연히 구분되는 개념이다.

끝으로, 관리회계는 한마디로 표현하면 '대표 또는 직원들이 보고 싶은 숫자 모음'이다.

- **상품별 마진**
- **영업팀별 매출 성과**
- **마케팅 비용 대비 홈페이지 유입자 추이**

⋮

이와 같은 내용은 재무회계와 세무회계 어디에서도 나오지 않지만, 대표나 직원들이 원하는 정보라면 얼마든지 정리해서 보여주는 게 좋다. 이처럼 관리회계는 정해진 규칙이나 의무가 아니라 필요에서 파생되었기 때문에 보고 싶은 당사자(대표)가 잘 챙겨야 한다.

① 재무회계는 '회계법인'이 챙겨준다.

② 세무회계는 '세무사무소'가 챙겨준다.

③ 관리회계는 '대표'가 챙겨야 한다.

그러나 실무에서 관리회계 업무가 '공백'인 경우가 너무 많다. 사업에서는 정성적(精誠的)인 면도 중요하기에 모든 사업 내용을 숫자로 정리할 수는 없다. 하지만 사업의 진행 상황이 숫자로 뒷받침되지 않으면 관리나 개선은 거의 불가능하다. 경영구루 피터 드러커(Peter Drucker, 현대경영학의 창시자)의 다음 조언을 회계적으로 표현하면, '관리회계'의 중요성을 강조한 것이 된다.

If you can't measure it, you can't improve it.

(측정할 수 없으면, 개선할 수 없다.)

- 피터 드러커

세무사무소는 어떤 일을 하는 곳인가?

그렇다면 관리회계가 이토록 중요한데 왜 세무사무소는 이와 같은 업무를 대행해주지 않는 것일까? 앞의 설명에 그 대답이 있다. 바로 관리회계는 대표 또는 직원들이 '보고 싶은' 숫자, 즉 그들의 '마음속'에 있는 숫자이기 때문이다. 만약 세무사무소에서 이를 대신해준다면 대표의 마음을 파악해 그것을 정리해서 보여줘야 한다. 당연히 회사와 업종마다 대표의 마음이 다르기 때문에 세무사무소의 고객이 100개 사라고 한다면, 100개의 다른 용역을 진행해야 하는 것이다.

전통적으로 세무사무소는 정해진 규칙에 따른 업무를 실수 없이 전문적으로 해내는 것에는 아주 강하지만, 정답이 없는 업무를 하는 것에는 익숙하지 않다. 물론 관리회계적 용역을 진행하는 곳도 요즘 많이 생기고 있지만, 이것이 대세가 되기까지는 한참 걸릴 것이다.

또 다른 관점에서 살펴보면, 세무사무소에 매월 지급하는 월 수수료가 얼마인지 자문해보자. 대체적으로 월 10만~30만 원 정도의 범위일 것이다. 그 돈을 지불하고 세무사무소에서 제공받는 서비스는 무엇인가? 세무사무소마다 조금씩 다르겠지만 일반적으로 제공하는 세무기장 서비스의 월별 스케줄은 다음과 같다.

월별 세무일정

상시 업무	• 대표자 및 담당자 상시 Q&A • 4대보험 취득 및 상실 신고 • 민원서류(소득금액증명원 등) 발급 대행
매월 공통	• 원천세 신고 • 일용근로자 근로내용 확인신고 • 일용근로소득 지급명세서 제출 • 급여대장 작성(4대보험 공제액 및 원천세 반영) • 급여명세서 발송 • 사업소득 간이지급명세서 제출 • 세금계산서 관리 및 장부 기록 • 기타증빙(신용카드, 현금영수증 등) 관리 및 장부 기록
1월	• 부가가치세 신고(2기 확정) • 신용카드 사용분 분류 및 공제액 확정 • 통장거래내역 분석 및 입력 • 근로소득 간이지급명세서 제출
2월	• 근로자 연말정산 • 면세사업자 사업장현황신고 • 이자·배당·기타소득 지급명세서 제출
3월	• 세무조정 및 법인세 신고 • 법인세 결산 미팅 • 사업·근로·퇴직소득 지급명세서 제출 • 4대보험 보수총액 신고
4월	• 부가가치세 신고(1기 예정) • 신용카드 사용분 분류 및 공제액 확정 • 통장거래내역 분석 및 입력 • 근로소득 간이지급명세서 제출
5월	• 종합소득세 신고(개인사업자&근로 외 소득이 있는 개인)
6월	• 성실신고확인대상자 종합소득세 신고(개인사업자)

7월	• 부가가치세 신고(1기 확정) • 신용카드 사용분 분류 및 공제액 확정 • 통장거래내역 분석 및 입력 • 근로소득 간이지급명세서 제출
8월	• 법인세 중간예납 신고
9월	• 상반기 가결산 및 결산 미팅
10월	• 부가가치세 신고(2기 예정) • 신용카드 사용분 분류 및 공제액 확정 • 통장거래내역 분석 및 입력 • 근로소득 간이지급명세서 제출
11월	• 종합소득세 중간예납 신고(개인사업자)
12월	• 법인세 가결산 및 결산 미팅

한 달에 10만~30만 원 정도를 지불하면 이 모든 업무를 문제없이 해결해준다. 이 정도면 세무사무소가 충분히 열심히 한 것 아닌가? 여기서 다른 뭔가(관리회계 업무)를 더 원한다면 너무 염치없는 일이 아닌가 한다. 필자가 업계에 있는 사람이기 때문에 "가재는 게 편"이라고 비난할까 봐 조심스럽기는 하지만, 10만 원이면 서울에서 택시 10번 타기도 빠듯한 금액이다. 그 금액으로 골치 아픈 업무를 대행해준다면 대표로서는 나쁘지 않은 거래라고 생각한다. 그렇기 때문에 인공지능이 급속도로 발달하는 지금도 세무사무소 사업은 여전히 사라지지 않고 있는

게 아닐까? 물론 대표 혹은 직원이 이런 업무를 전부 직접 해도 된다. 그래서 세무기장료를 아끼면 된다. 그 대신 일정을 빠뜨리지 않도록 캘린더에 꼼꼼히 챙겨야 하며 매년, 연중 계속 바뀌는 세법도 꾸준히 업데이트하면 된다.

세무사무소에 맡기는 이유는 그 일이 어려워서가 아니다. 물론 어려워서 맡기는 경우도 있겠지만 시간을 들여 공부해서 못 해낼 수준의 난이도는 아니다. 내 사업의 효율을 위해 맡기는 거고, 그들이 해주는 업무는 '세무회계' 업무다. 따라서 나에게 필요한 '관리회계'의 숫자는 내가 직접 챙겨야 한다! 세무사무소는 여기에 아무런 관심이 없다. 세금신고만 하기도 바쁘다.

돈 버는 치트키, 회계

지금까지 전달하려는 요지는 간단하다.

① 사업은 돈을 벌기 위해 하는 것이다.

② 돈을 벌기 위해서는 돈을 봐야 한다.

③ 그에 대한 모든 책임은 대표에게 있다.

④ 세무사무소는 그 책임을 질 의무가 없다.

이렇게 말하면 정말 자주 듣는 반론이 하나 있다.

"그럼 돈을 자주 보면 돈을 버나요?"

이 질문에 답변하기 전에 다시는 꺼내기 싫은 기억일지라도 고등학교 수학책을 오랜만에 펴보고자 한다. '집합과 명제' 대단원은 필자가 수학을 배울 때 교과서 맨 앞부분에 있었기 때문에, 수학을 싫어하는 학생들도 그 부분만큼은 자신 있어 했다. 필자가 독자에게 전달하고 싶은 메시지를 명제의 역과 대우로 표현하면 다음과 같다.

- 명제: 돈을 벌기 위해서는 돈을 봐야 한다. (참)
- 역: 돈을 보면 돈을 번다. (참 또는 거짓)
- 대우: 돈을 보지 않으면 돈을 못 번다. (참)

돈을 본다고 반드시 돈을 버는 것은 아니다. 다만 돈을 보지 않으면, 돈을 벌기가 무척 어렵다. 즉 돈을 보는 것은 돈을 벌기 위한 충분조건이 아닌 '필요조건'이다. 이 정도 공부했으면 앞에서 이야기한 반론이 얼마나 잘못된 질문인지 알 수 있다.

"그럼 돈을 자주 보면 돈을 버나요?"

"돈을 벌고 싶다면 돈을 봐야 합니다!"

굳이 고등학교 수학까지 들먹이며 했던 이야기를 또 하는 이유는 돈을 벌기 위해 돈을 보는 것이 얼마나 중요한지를 강조하고자 함이다. 그렇다면 돈을 어떤 방법으로 봐야 할까? 이때 필요한 것이 바로 '회계'다.

회계를 공부하지 않고 돈을 보는 방법은 얼마든지 많다.

- 은행 계좌의 거래내역을 하나하나 살펴본다.
- 신용카드 명세서를 출력해 불필요한 지출이 없는지 점검한다.
- 매출 및 매입세금계산서 목록을 매달 확인한다.

⋮

이렇게 사업의 돈을 하나씩 봐도 된다. 하지만 숫자에 대한 감이 아주 좋은 경우가 아니라면 뭔가 허전함을 느낄 것이다. 특히 아래와 같은 질문에는 여전히 답하기가 어려울 것이다.

Q. 올해 나는 사업으로 얼마를 벌었을까?
Q. 매출을 2배로 늘리기 위해서는 어떤 부분을 개선해야 할까?
Q. 매출이 2배가 된다면 실제로 얼마나 더 돈을 벌 수 있을까?

그래서 탄생한 게 회계다. 돈을 잘 보려면 회계가 필요하다.

경영의 언어, 회계

어릴 적 필자는 물리학자가 되고 싶었다. 그래서 장래희망란에 항상 과학자를 적었다. 이유는 기억나지 않는다. 그 당시에는 물리라는 학문이 그저 좋았다. 노벨상도 타고 싶었다. 최초라는 타이틀은 언제나 설레지 않은가? 한국인 최초의 노벨 물리학상 수상자가 될 줄 알았다. 그렇게 큰 고민도 없이 또 아무 생각도 없이 물리학과에 진학했다.

그러나 종합대학에 진학한 필자의 관심은 물리에만 머물 수 없었다. 세상에는 재밌는 게 정말 많았다. 그중에서도 특히 '경영'이라는 것이 늘 궁금했다. 게다가 경영학과는 건물도 좋고 강의실도 최신식이었다. 물리학과 수업은 칠판에 수식이 난무했다면 경영학과 수업은 간결한 PPT 슬라이드의 연속이었다. 물리는 아름다웠고 경영은 멋져 보였다. 경영을 더 알고 싶었지만 언제나 이과생으로만 살아왔기에 기초지식이 너무 없었다. 그때 어디선가 주워들은 구절 하나가 떠올랐다.

회계는 경영의 언어다.

'그렇지! 영어를 배우면 외국인을 훨씬 잘 이해할 수 있듯이, 회계라는 것을 배우면 경영을 더 쉽게 알 수 있겠구나!' 그렇게 단순하게 생각했고, 그 단순한 생각이 아주 정확했음을 알아내기까지는 그리 오래 걸리지 않았다. 회계를 익히고 나서 필자는 '개안(開眼)'했다. 그전까지는 잘 보이지 않던 것이 훨씬 더 선명하게 보였다. 다른 경영학 수업들까지도 덩달아 이해되는 부분이 많아져서 학점을 받기가 훨씬 수월했다. 경제 기사도 하나씩 눈에 들어오기 시작했다.

그렇게 회계라는 언어가 주는 선물은 너무나도 달콤했다. 그 인연을 시작으로 회계의 매력에 빠진 필자는 여러 해 시험을 준비한 끝에 회계사가 되었고, 이를 직업으로 삼은 지도 10년이 훌쩍 넘는다. 관심사가 다양한 필자가 이렇게 한 가지를 오랫동안 한 걸 보면 회계와의 궁합이 나쁘지 않은 모양이다.

돈 버는 대표를 위한 회계라는 추월차선

사업을 바라보는 방법에는 여러 가지가 있다. 가장 쉬운 방법은 맨눈으로 보는 것이다. 자신이 타고난 사업가이거나 사업가 집

안에서 태어나 어려서부터 자연스럽게 사업에 필요한 지식들을 체득했다면 사업을 맨눈으로 바라봐도 된다. 대부분 자신의 직감과 실제에 큰 차이가 없을 것이다. 실제로 재무제표를 보지 않고도 회사의 실적을 동물적으로 파악하는 대표들이 있다. 그런 사람들에게 회계의 중요성을 설파하는 일은 서로에게 시간 낭비다.

하지만 안타깝게도 필자가 만나는 대부분의 대표는 '깜깜이 경영'이라는 사업의 어두운 터널에서 헤어나지 못한다. 하루 종일 열심히 일했는데도 집에 가져갈 돈이 없는 경우도 많다. 더 암울한 점은 왜 그런 일이 일어나는지 이유를 모른다는 것이다. 내 사업체를 아무리 이해해보려고 해도 어디서부터 어떻게 시작해야 하는지 감도 오지 않는다. 더 열심히 보려고 할수록 더 뿌옇게만 보인다. 이때 필요한 것이 바로 안경이 아닌가?

그렇다. 대표에게도 안경이 필요하다. 그 안경의 역할을 세상에서 가장 잘할 수 있는 것이 바로 '회계'다. 대표에게 필요한 최소한의 회계 지식(이를 앞으로 '절대 회계'라고 부르겠다. 사업을 운영하는 데 반드시 필요한 회계 지식을 뜻한다)만 익히면 불과 며칠 만에 자신의 사업을 편안하게 쳐다볼 수 있다. 회계학은 공부의 범위가 상당히 넓지만, 대표에게 필요한 '절대 회계'는 배울 게 그리 많지 않다. 아마 가성비가 최고인 공부가 될 거라고 자부한다. 당신의 경영 도구에 회계라는 치트키를 장착해보자. 경쟁사가 가장 궁금해하는 핵폭탄 같은 무기가 될 것이다.

.

회계가
밥 먹여준다

일본 재계에서 '경영의 신'으로 통하는 교세라(Kyocera)의 명예 회장인 고(故) 이나모리 가즈오(稻盛和夫)는 늘 경영자들에게 이렇게 일침했다.

"회계를 모르고 어떻게 사업을 한단 말인가!"

하지만 하루하루 바쁜 대표가 회계를 익히는 데는 제법 많은 시간과 노력이 들어가므로 매번 회계는 우선순위에서 뒷전으로 밀린다. 따라서 이러한 한계를 극복하기 위해 만든 회계가 바로 '절대 회계'다. 생존에 필요한 핵심 지식만 담았다!

가난한 대표들의 공통점

의외로 이렇게 이야기하는 대표들이 많다.

"저는 회계나 세무는 하나도 몰라요. 지금 사업하느라 바빠 죽겠는데 그런 것까지 신경 쓸 시간이 없어요. 그래서 회계사님 같은 전문가들과 함께하는 거 아니겠어요."

겉으로는 이렇게 점잖게 이야기하지만 속마음은 아마 다음과 비슷할 것이다.

'제가 얼마나 바쁜지 알아요? 영업하기도 바빠 죽겠는데 중요하지도 않은 회계나 세무 같은 것까지 내가 신경 써야겠어요? 이제 매출도 10억이 훌쩍 넘어가는데, 대표가 그런 건 신경 안 써도 자동으로 돌아가야 되지 않겠어요? 그냥 회계사님이 알아서 문제없이 처리해주세요. 최대한 절 찾지 마세요!'

직업이 회계사인 필자는 이런 말을 대표들에게 들을 때마다 '아이고, 이 대표님은 부자 되기 어렵겠구나!' 하는 안타까움이 밀려온다. 이렇게 회계에 무관심한 걸 오히려 자랑인 양 이야기하는 대표들은 대부분 가난하다. '가난한 대표'라는 말이 '따뜻한 아이스 아메리카노'처럼 어색하게 느껴진다면, 아직 사업이라는 세계에 한 번도 발을 들이지 않았을 확률이 높다.

TV 속 드라마에 나오는 대표들은 늘 좋은 차를 타고 직원을 수십에서 수백 명 거느리는 것으로 그려진다. 언론을 장식하는 대표들도 대부분 성공한 사람들이다. 하지만 그 유명한 2 대 8의 법칙인 '파레토 법칙'을 대입해보면, 성공한 20명의 대표 뒤에는 실패한 80명의 대표가 있다. 돈이 많은 20명의 부유한 대표 뒤에는 돈이 없어 허덕이는 80명의 가난한 대표가 있다.

회계사로 일하면 정말 다양한 사람을 만난다. 그리고 많은 대표를 만나게 된다. 필자의 경험치는 어떨까? 필자가 만난 20명의 대표는 돈을 많이 벌어 잘 먹고 잘살고 있었고, 80명의 대표는 월급생활자와 거의 진배없는 혹은 그보다 더 낮은 수준의 삶을 살고 있었다. 그중 일부는 보기 안쓰러울 정도로 가난했고 위태위태해 보였다. 필자가 만난 가난한 대표들의 전형적인 모습들은 다음과 같다. 대표적인 10가지 모습만 선별해봤다.

① 사업용 통장에 돈이 얼마 있는지 잘 모른다.

② 사업용 통장을 관리하는 방법이나 원칙이 없다.

③ 사업의 재무제표를 본 적도 들은 적도 없다.

④ 지난 1년간 사업으로 얼마(매출액이 아닌 실제 들어온 돈)를 벌었는지 잘 모른다.

⑤ 1년은커녕 지난달에 얼마를 벌었는지도 모른다.

⑥ 사업에서 가장 중요한 숫자가 무엇인지 질문을 받으면 답변을 못 한다.

⑦ 하루 종일 일한다.

⑧ 급여 지급일이 되면 매번 숨이 막혀온다. (가끔 다른 사람에게 돈을 빌린다.)

⑨ 세금을 낼 돈이 없어 카드로 결제한다.

⑩ 절세에 목숨을 건다. (사업의 성장보다 세금을 줄이는 방법에 관심이 더 많다. 그리고 회계사, 세무사랑 늘 사이가 안 좋다.)

이 모습들의 공통점을 한마디로 요약하면 다음과 같다.

사업의 '돈 관리 방법'을 전혀 모른다!

생각보다 어려운 회계 공부

이쯤 되면 이런 생각이 들 것이다.

'회계사 양반, 그 정도 강조했으면 회계가 필요하다는 건 알겠소! 그런데 바빠 죽겠는데 어떻게 회계를 챙기라는 거요? 서점에서 회계원리책이라도 사서 보라는 말이오?'

그렇다. 생각보다 회계 공부는 쉽지 않다. 하지만 정공법으로 돌파하는 사람도 있다.『돈의 속성』의 저자이자 스노우폭스의 대표인 김승호 회장의 강의를 들은 적이 있다. 직업적 호기심에 질의응답 시간에 손을 들고 물어봤다.

> Q: 회장님, 회계 정보를 보는 게 중요하다고 생각하십니까?
> A: 당연합니다. 매우 중요합니다.
> Q: 그렇다면 회계를 어떻게 공부하셨습니까?
> A: 미국에서 한국으로 들어왔을 때 서점에서 관련 책을 있는 대로 수십 권 사 가서 읽었습니다. 그랬더니 어느 순간 사업에 필요한 건 거의 다 알게 됐습니다.

사업에 야망과 열정이 있는 독자는 이런 방법도 추천한다. 그러나 회계가 낯설고 항상 바쁜 대표들에게 이렇게 공부하라는 건 "우사인 볼트와 똑같이 달리면 달리기가 빨라질 거예요!"라고 이야기해주는 것과 다름없다.

아무리 정공법을 소개해줘도 95%의 대표는 다음과 같은 생각이 들 것이다.

'회계는 너무 어렵지 않을까?'

'공부한 회계를 사업에 실제로 적용할 수 있을까?'

'회계를 공부한다고 매출이 오르나?'

이에 대한 해결책으로 나온 것이 돈 버는 '절대 회계'다.

절대 회계의 탄생

절대 회계는 세 가지를 목표로 탄생했다.

① 절대 회계를 완벽히 습득하는 데 하루면 충분하다.

② 절대 회계는 익히는 즉시 써먹을 수 있다.

③ 절대 회계를 알면 매출을 올리는 방법이 보인다.

김승호 회장처럼 서점의 모든 회계책을 섭렵해도 좋지만, 그
전에 필수적이고 절대적으로 알아야 하는 회계 지식만 정리했
다. 사업이라는 전쟁터로 나가는 데, 아니 전쟁터에서 이미 피 터
지게 싸우고 있는 데 당장 꼭 필요한 핵심 지식만 포함시켰다.

절대 회계를 익히면 대표들은 앞으로 세 가지 무기를 갖게
될 것이다.

① 통장: 사업용 필수 통장 5가지를 알게 된다.

② 매출: 매출을 늘리는 4가지를 알게 된다.

③ 숫자: 어떤(What) 숫자를 언제(When), 어떻게(How) 봐야 하는지 알게 된다.

회계를 오래 공부한 사람들은 "이게 회계냐?" 하고 반문할지도 모르겠다. 하지만 원래 '관리회계'라는 것이 대표들이 보고 싶어 하는 '숫자 모음'이라고 한다면 필자는 이 또한 회계라고 생각한다. 따라서 통장, 매출, 숫자 이 세 가지 무기를 갖게 되면 전쟁터에 나갈 수 있다.

통장으로 내 사업의 돈 관리를 간소하게나마 할 수 있고, 매출이 어떤 과정을 거쳐 발생하는지 분석할 수 있으며, 꼭 필요한 최소한의 숫자를 주기별로 보며 숫자경영을 할 수 있으면 일단 충분하지 않은가? 여기에는 큰 지식이 필요하지 않다. 간단한 몇 가지 지식만 익히고 실전에서 몇 번의 시행착오만 거치면 누구라도 습득할 수 있다. 그리고 나서도 분명히 부족함을 느끼는 사람들이 있을 것이다. 그때는 서점의 베스트셀러 중 제일 잘 팔리는 회계책을 사 보면 된다. 그리고도 여전히 갈증을 느끼는 사람들은 회계사, 세무사 수험생들이 가장 많이 보는 회계원리책 한

권 정도만 사서 정독하면 된다. 그 정도 수준이 되면 그다음은 어떻게 공부해야 할지 스스로 알게 될 것이다.

설문조사 같은 걸 스마트폰으로 하다 보면 그다음 페이지로 안 넘어가는 경우가 있다. 그럼 어김없이 '필수 항목'을 입력하지 않아서다. '절대' 회계는 대표가 되는 과정에서 '필수' 과목과 같다. 이걸 이수한다고 해서 무조건 성공하는 대표가 되지는 않겠지만, 이 필수 과목을 건너뛰면 훌륭한 대표로 성장하기는 그만큼 힘들어질 것이다.

절대 회계는
3M으로 구성된다

앞 장에서 설명했듯이 절대 회계는 크게 세 가지 요소로 구성된다.

① 통장 관리

② 매출 관리

③ 숫자 관리

이를 조금 더 기억하기 좋도록 다듬어보자.

필자는 독서를 많이 하는 편이 아니다. 그나마 읽은 책도 기억나는 부분보다 기억나지 않는 부분이 훨씬 많다. 책을 아주 지저분하게 보는 편이라 꼭 되새기고 싶은 부분은 접어놓기도 하고 형광펜으로 마구 칠해놓기도 한다. 하지만 몇 달 뒤에 다시 책을 펴보면 태어나서 처음 보는 내용처럼 느껴질 때도 허다하다. 그만큼 인간의 기억력이란 한계가 있다.

마찬가지로 이 책을 읽는 독자들도 책을 덮고 나면 몇 달은 커녕 며칠 뒤에도 내용이 잘 기억나지 않을 거라고 생각한다. 그래서 아무리 모든 것을 잊어버릴지라도 꼭 기억해야 하는 핵심 내용을 알파벳 3개로 요약해봤다. 대한민국에서 사업하는 모든 이에게 추월차선이 되어줄 절대 회계는 대문자 M 3개만 기억하면 된다!

3M만 기억하자

이 책을 덮었을 때 머릿속에 3개의 M이 떠오른다면, 당신은 이미 회계라는 부의 추월차선에 올라탄 것이다. 앞으로 소개할 3M의 개요는 다음과 같다.

절대 회계의 구성

─ 돈 버는 3M ─

Marketing   Money   Morning

Money M: 돈을 관리하는 가장 쉬운 방법

가장 먼저 사업의 궁극적 목적인 '돈'을 관리하는 가장 쉬운 방법을 소개한다. 통장 잔액만 확인해도 내 사업의 현금흐름을 바로 파악할 수 있고, 복잡한 회계 지식 없이도 회사 경영에 필요한 대부분의 재무관리를 소화할 수 있을 것이다.

Marketing M: 매출을 늘리는 가장 쉬운 방법

매출은 사업에 산소와 같은 것이다. 매출이 없는 사업은 죽은 사업이다. 여기서는 회계라는 안경으로 매출을 바라보는 방법을 설명한다. 어떻게 하면 매출을 가장 쉽게 2배로 만들 수 있는지 숫자로 전략을 세울 수 있을 것이다.

Morning M: 중소기업의 가장 쉬운 숫자경영 방법

자주 보지 않으면 멀어진다. 회계 정보도 가급적 자주 봐야 한다.
마지막으로 중소기업의 대표가 매일 아침 반드시 확인해야 하는
숫자에 대해서 이야기한다. 매일 보는 것의 위력을 알 수 있을
것이다.

회계와 세금의 추가 지식

절대 회계는 핵심 중에서도 핵심만 추려낸 실전 회계다. 따라서
뭔가 더 이론적 뒷받침에 갈증을 느끼는 독자들도 있을 것이다.
그렇다면 가급적 회계와 세금 분야의 베스트셀러를 하나씩 탐독
하기를 추천한다. 하지만 아직 그런 책을 보기에는 현실적으로
시간이 부족해 도저히 엄두가 안 나는 독자들을 위해 회계와 세
금의 추가 지식 중 가장 먼저 필요한 요점만 후반부에 추려놓았
다. 일단 이 정도만 익히면 사업을 성공시키는 데는 충분할 것이
다. 더 필요한 것은 나중에 천천히 익혀도 된다.

PART 2

◆

절대 회계
3M

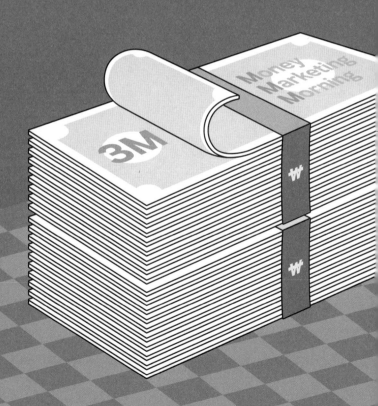

CHAPTER 1

Money M

백만장자는 사건이 아니라 과정으로 만들어진다.

- 엠제이 드마코(MJ DeMarco, 『부의 추월차선』의 저자)

대표인데
가난해요

『백만장자 시크릿』에서 저자인 하브 에커(Harv Eker)는 "경제적인 성공과 실패를 가르는 가장 큰 차이는 돈을 얼마나 잘 관리하느냐에 있다"라고 썼다. 가난한 대표가 될지 부유한 대표가 될지도 마찬가지다. 사업으로 번 돈을 어떻게 관리하느냐가 핵심이다.

이번 장에서는 절대 회계 3M 중 가운데에 위치한 'Money M'의 탄생 배경에 대해서 이야기하겠다. 재테크책에서 빌려온 '통장 쪼개기'야말로 돈을 관리하는 가장 쉽고 편리한 방법이 될 것이다.

가난한 대표들

많은 대표가 입버릇처럼 하는 말이 있다.

"저 통장에 돈 없어요. 보여줄 수도 없고…."

필자는 회계사라는 직업의 특성상 많은 대표의 통장을 합법적으로 볼 수 있는 기회가 많다. 그래서 어느 정도 진실에 가까운 현실을 알고 있다고 자부한다. 실제로 많은 대표가 돈이 없다! 겉으로 보기에는 사업이 엄청 잘되는 것처럼 보인다. 누가 봐도 부러워할 만한 번듯한 사무실에 직원도 수십 명 데리고 있고, 가끔은 외제차를 끌고서 골프도 치러 다닌다. 하지만 그 이면에는 당장 이번 달에 줄 직원 월급이 없어 신용대출을 급하게 알아보거나 집에 가져다줄 생활비조차 없는 대표 또한 너무나도 많다.

도대체 대표들은 왜 통장에 돈이 없을까? 결론부터 이야기하면 사실 너무 싱겁다. 버는 것보다 더 많이 썼기 때문이다! 즉 들어오는 돈에 비해 나가는 돈의 규모가 너무 커 통장에 돈이 모이지 않는 것이다. 이는 초등학생도 이해하는 상식이다. 그럼에도 대표들은 왜 이런 간단한 사실을 놓치는 걸까? 마찬가지로 결론부터 이야기하면, 그건 바로 사업에 꼭 필요한 '돈 관리 지식'이 없기 때문이다. 이는 실제로 되게 간단하다. 누구나 며칠이면 쉽게 배우고 바로 써먹을 수 있다. 그러나 안타깝게도 많은 초보 대표는 이렇게 생각한다.

'이제 나도 그동안 꿈꿔왔던 사업이라는 걸 시작하는구나! 어떤 책에서 사업을 짜임새 있게 운영하려면 회계라는 것을 알아야 한다는데, 지금은 사업하기 바빠서 그것까지 신경 쓸 여유는 없는데…. 그러면 일단은 내가 회계를 하나도 모르니까 근처 세무사무소에 맡겨두고, 나중에 사업이 일정 궤도에 오르면 그때 가서 회계를 진지하게 공부해봐야겠다. 세무사는 전문가니까 알아서 잘해주겠지!'

대략 이 정도의 의사결정 과정을 거쳐 사업에서 제일 중요하다고 할 수 있는 '돈 관리 방법'을 결정해버린다. 여기에는 많은 대표가 '회계'라는 단어가 주는 무게감에서 자유롭지 못하다는 사실이 숨어 있다. 여러 가지 경험을 통해 회계는 어렵고 따분하다는 선입견이 있어 선뜻 손이 안 간다. 사업을 하다 보면 워낙에 신경 써야 할 것이 많아서 특별히 시간을 내지 않는 이상 회계는 늘 뒷전이기 마련이다. 그러나 이런 단순한 의사결정의 여파는 실로 대단하다.

처음부터 이렇게 돈 관리 습관을 들이면 대부분 수년 혹은 수십 년간 다음과 같이 사업하게 된다.

- 통장에 돈이 있어도 늘 불안하다.

- 통장에 돈이 별로 없을 줄 알았는데 생각보다 많아서 놀란다. (또는 그 반대)

- 사업으로 집에 생활비를 꾸준히, 일정하게 가져다주지 못한다.

- 법인사업자지만 배당금을 받아본 적이 없다.

- 세금납부서를 볼 때마다 놀란다.

- 세금을 내고 나면 남는 돈이 없다.

- 매출액이 증가할 때면 그만큼 돈 나갈 일이 많이 생긴다.

- 위기가 닥치면 사업의 존립이 위태롭다.

- 재무제표를 봐도 무슨 말인지 모른다.

- 재무제표의 제일 마지막 숫자(당기순이익) 정도만 확인한다.

⋮

지금까지 관찰할 수 있었던 돈 관리 노하우가 없는 대표들의 특징이다. 더 나열하자면 끝이 없지만 여기서 줄이겠다. 이렇게 사업하고 싶은가? 이렇게 사업해서 큰돈을 벌 수 있을 것 같은가? 자신의 운명이 걸린 사업인데 그에 걸맞은 '돈 관리 노하우' 정도는 익혀야 하지 않겠는가.

그래서 필자는 제안한다. 회계라는 말을 단순히 '돈 관리'라는 말로 바꿔라!

회계는 돈 관리다

사업을 하니까 회계를 해야 한다고 거창하게 부풀리지 말고, 사업을 운영하는 데 필요한 돈 관리 방법 정도를 배운다고만 생각해보자. 한 가정을 꾸려나가는 데 필요한 돈 관리 수단인 재테크를 배우기 위해서는 유명한 강사를 찾아 몇 시간이고 차를 타고 가면서, 사업체의 살림살이에 꼭 필요한 돈 관리 방법인 회계는 지금까지 너무 무시한 게 아닐까?

그저 돈 관리 방법의 하나라고 생각하면, 사업에 필요한 회계 지식이 재테크 지식과 비교해 결코 더 많거나 복잡하지 않다는 것을 알 수 있다. 재테크를 잘하려면 주식과 부동산은 기본이고 이름도 복잡한 각종 금융상품까지 알아야 한다. 심지어 미국의 경제 현황은 물론 국제 거시경제 순환에도 일가견이 있어야 한다.

반면 사업을 운영하는 데 필요한 돈 관리 지식은 정말 간단하다. 처음에는 간단한 몇 가지 지식만 익히고 사업을 시작하면 된다. 처음부터 모든 회계 지식을 알려고 덤벼들면 공부할 게 끝이 없다. 그 양에 압도당해 가장 먼저 알아야 할 것도 그냥 넘어가는 실수를 저지르게 된다. 초급 수준을 넘어선 회계 지식은 사업을 하면서 차차 익혀도 충분하다. 커가는 사업의 규모에 맞춰 누가 시키지 않아도 저절로 회계가 더 궁금해질 것이다. 그러면 그때 가서 관련 책을 닥치는 대로 탐독하면 된다.

회계도 재테크다

회계가 '사업'의 돈 관리라면 '가정'의 돈 관리 방법인 재테크 강의에서 그 힌트를 얻을 수 있지 않을까? 이것이 필자가 '절대 회계'라는 제목의 글을 쓰기 시작한 동기였다. 어느 날 서점의 재테크 코너에서 책을 4~5권 쭉 비교해서 살펴보는데, 한 가지 공통 주제를 발견했다. 재테크 전문가들이 한결같이 강조하는 게 하나 있었다. 그것은 바로 '통장 쪼개기'다. 그 순간 필자에게 이런 생각이 떠올랐다.

'이 방법을 그대로 내 사업에도 적용하면 대박이겠는데!'

부끄럽지만 회계사인 필자조차도 회계라는 단어가 주는 무게감에 눌려 사업을 할 때 돈 관리는 반드시 재무제표로 해야 한다는 선입견에 빠져 있었다. 수많은 대표와 미팅을 하며 재무제표가 그들에게 큰 인사이트를 주지 못한다는 사실을 너무나도 잘 알고 있었음에도 말이다.

그렇지만 개선 방법은 완전히 잘못되었다. 여전히 재무제표를 더 잘 만들어야겠다는 생각뿐이었다. 재무제표를 버리고 단순히 통장을 사용해 돈 관리를 하는 방법은 미처 생각지 못했다.

통장을 이용한 돈 관리, 이것이 절대 회계의 핵심이자 시작이다!

통장을 쪼개면
돈이 모인다

돈을 덜 쓰고 잘 모으면 부자가 될 수 있다. 이건 모두가 아는 사실이다. 사업에서도 마찬가지다. 사업으로 번 돈을 덜 쓰고 잘 모으면 누구나 부자가 될 수 있다. 하지만 이 간단한 진리를 실천하기가 생각보다 쉽지 않다. 인간은 망각의 동물이라 얼마 지나지 않아 과거의 습관대로 돈 관리를 하고 만다. 따라서 진리를 꾸준히 실천하기 위해 의지가 개입하는 요소를 최소화한 시스템이 필요하다. 이번 장에서는 이에 대해 이야기하겠다. 부자가 되고 싶은 대표들을 위한 재테크의 첫걸음도 결국 '통장 쪼개기'다.

재테크 일타강사에게 배우는 통장 쪼개기

『Secrets of the Millionaire Mind』라는 재테크책은 아마존의 최장기 베스트셀러다. 국내에는 『백만장자 시크릿』이라는 이름으로 번역본이 출간되었다. 이 책의 저자인 하브 에커는 개인의 경제적 자유를 달성하기 위해 다음 5개의 통장을 만들라고 조언한다. (실제로는 2~3개의 통장을 더 언급하지만, 여기서는 사업과 관련된 통장만 소개하겠다.)

① 월급 통장(최초에 소득이 들어오는 기본 통장)

② 나눔 통장(기부금을 마련하는 통장)

③ 생활비 통장(식료품비, 공과금 등을 지불하는 통장)

④ 경제적 자유 통장(미래의 자유로운 삶을 준비하는 통장)

⑤ 장기 저축 통장(목돈이 들어갈 일을 대비하는 통장)

예를 들어 월급 통장에 돈이 들어오면 나눔 통장에 10%, 생활비 통장에 60%, 경제적 자유 통장에 10%, 장기 저축 통장에 20%만큼 나눠 담으면 된다. 그뿐이다. 절대로 복잡하지 않다. 통장 5개만 만들고 정해놓은 날짜에 일정한 비율대로 소득을 각 통장에 옮기기만 하면 저절로 돈이 모인다.

뭔가 눈속임 같지만 결코 속임수도 아니고 마법도 아니다. 아마존에 들어가서 독자들의 후기를 읽어보면, 오랜 직장 생활에도 돈을 전혀 모으지 못하다가 이 '통장 쪼개기' 방법을 알고부터 대출도 갚고 집도 살 수 있었다는 감사의 글을 꽤 많이 찾아볼 수 있다.

통장 쪼개기의 효과

통장을 여러 개 만들어서 돈을 관리하면 크게 두 가지 효과가 있다.

첫 번째, 돈을 덜 쓴다

단지 통장만 쪼개놓아도 돈을 덜 쓰게 된다. 300만 원이 들어 있는 월급 통장에서 60%인 180만 원을 생활비 통장으로 옮겨놓으면 이런 생각이 들 것이다.

'큰일이군! 180만 원으로 어떻게 한 달을 버티지?'

그럴 때 이 악물고 버텨보자. 정말 통장 쪼개기가 나를 부자로 만들어줄 단 하나의 방법이라고 생각한다면 정신이 번쩍 들 것이다. 눈앞에 있는 돈이 갑자기 300만 원에서 180만 원으로 줄어드는 순간 머리가 복잡해진다. 180만 원으로 한 달을 버틸 여러 가지 방법이 떠오른다. 특히 당장 사야만 한다고 생각한 수많은 물건이 더 이상 필요 없어진다. 도저히 불가능해 보이던 도전을 해내는 자신의 모습을 보며 처음에는 신기하다는 생각까지 들 것이다.

'그동안 내가 돈을 너무 많이 썼구나….'

돈이란 '없으면 덜 쓴다!'

두 번째, 돈이 저절로 모인다

경제적 자유 통장에 월급의 10%씩 넣으면 매달 소득의 10%가 통장에 그대로 쌓인다. 10%는 단지 예시일 뿐이고 본인의 상황에 따라 비율은 더 늘리거나 줄일 수도 있다. 처음 시작할 때 0%만 아니면 된다. 아무리 살림살이가 팍팍해도 조금만 노력하면 누구나 1%는 바로 시작할 수 있을 것이다. 반드시 자신이 번 돈의 일정 비율을 별도의 통장에 옮겨 담아라.

그렇게 모은 돈이 자신과 자신의 가족에게 경제적 자유를 가져다줄 것이다. 그 돈으로 부동산을 구입하면 더는 세입자로 사는 설움을 느끼지 않아도 된다. 주식을 사면 직접 사업을 하지 않고도 전 세계의 가장 똑똑한 사업가들과 동업하는 효과도 얻을 수 있다. 부의 토대를 마련하기 위해서는 돈을 모아야 한다. 그런데 돈을 모으는 가장 쉬운 방법이 바로 '쓰기 전에 미리 떼어놓는 것'이다. 돈을 펑펑 쓰기 전에 눈에 보이지 않는 곳으로 먼저 옮겨놓아라.

돈이란 '안 보이면 모인다!'

통장 5개만 만들자

하브 에커가 알려준 5개 통장 시스템을 사업에도 그대로 적용해 보자. 그러면 돈을 덜 쓰게 되고, 돈이 저절로 모이게 된다. 5개의 통장 이름은 'STEPS'다. 기억하기 편하도록 앞 글자만 따서 만들었다. 앞으로 사업에 필요한 통장은 STEPS, 딱 5개다. 통장 5개만 만들면 그 어렵던 사업의 돈 관리가 굉장히 쉽게 해결될 것이다.

돈 관리가 별거인가? 번 돈을 과소비하지 않고 적절하게 쓰도록 조절해주고, 동시에 미래의 경제적 자유를 위해 잘 모을 수 있게 도와준다면 그것으로 충분하지 않은가? 하브 에커의 5개 통장 시스템을 사업이라는 특성에 맞게 복사·붙여넣기를 하면 다음과 같다. 앞으로 STEPS 통장 관리 시스템이라고 부르겠다.

① 월급 통장: Sales 매출 통장(고객에게 받은 돈이 들어오는 기본 통장)

② 나눔 통장: Tax 세금 통장(사업에 따른 세금을 준비하는 통장)

③ 생활비 통장: Expense 경비 통장(각종 사업 경비를 지불하는 통장)

④ 경제적 자유 통장: Profit 이익 통장(배당금 수령이나 재투자를 위한 통장)

⑤ 장기 저축 통장: Safe 금고 통장(미래의 위험을 대비하는 통장)

만약 매출 통장에 1,000만 원이 들어오면 매월 마지막 날에 그 돈을 다른 4개의 통장으로 나눠 이체한다. 이체할 금액의 비율은 사전에 정해놓는다. 그 비율을 도저히 혼자 정할 수 없다면 회계사 등 전문가의 도움을 받으면 된다. 하지만 그것이 현실적으로 힘들다면 세금 통장 10%, 경비 통장 70%, 이익 통장 10%, 금고 통장 10% 정도의 비율로 시작해라. 일단 시작하고 나면 몇 달 안에 자신에게 맞는 최적의 비율을 찾아낼 수 있을 것이다. 무엇보다 시작이 중요하다!

참고로 세금 납부가 사업으로 번 돈을 국가와 나누는 일이라고 생각한다면, 나눔 통장과 세금 통장을 연결시킬 수 있을 것이다. 사업을 통해 자신이 속한 사회 공동체에 가장 크게 기부할 수 있는 방법이 바로 세금이기 때문이다. 따라서 사업자의 가장 큰 권위이자 자부심은 바로 국가에 내는 세금이다.

이제 회계하자

이 책은 회계책이지만 지금까지 단 하나의 회계 공식도 소개하지 않았다. 처음에는 회계 공식이 아예 없는 회계책을 만들어보고 싶었다. 하지만 이 회계 공식만은 언급하지 않을 수 없다. 세상에서 가장 간단한 회계 공식이다.

$$수익 - 비용 = 이익$$

더 쉽게 표현하면 들어온 돈(수익)에서 나간 돈(비용)을 뺀 게 남은 돈(이익)이라는 뜻이다. 사업을 하는 목적은 '이익'을 최대로 만들기 위해서다. 가끔은 수익(엄밀히 말하면 매출과 다르다. 그러나 현 수준에서는 동의어로 이해해도 무방하다)이 크다고 으스대는 대표들이 있다.

"나 이번 달에 매출 10억 찍었어!"

그들에게 매출 10억 원에 해당하는 이익이 얼마인지 계산해주면 급격히 겸손해진다. 그제야 매출이 수억 원씩 증가해도 왜 통장에는 돈이 없는지 깨닫는다. 다시 한번 강조하지만, 사업을 하는 궁극적인 목적은 매출 극대화가 아니라 '이익 극대화'다. 그렇다고 매출이 중요하지 않다는 말이 절대로 아니다. 매출은 공기와 같아서 이것이 없으면 아무리 사업 모델이 좋아도 그 사업은 망할 수밖에 없다. 매출을 극대화하는 구체적인 방법은 챕터 2 'Marketing M'에서 자세히 다루도록 하겠다.

이제 세상에서 가장 간단한 회계 공식을 조금만 변형해보자. 매출을 일으켜 100만 원의 돈이 들어온다고 가정했을 때 제일 먼저 누가 찾아오는가? 국가다. 세금을 내야만 그 나라에서 사업할 수 있는 정당한 권리가 생긴다. 세금을 내고 나면 또 누가 손을 내미는가? 급여, 원재료비, 임대료 등 각종 경비를 내야 한다. 이를 회계 공식으로 표현하면 다음과 같다.

매출 100만 원 - 세금 10만 원 - 경비 60만 원 = 이익 30만 원

즉 매출 100만 원에서 세금 10만 원과 경비 60만 원을 내고 나면 이익 30만 원이 남는다. 여기서 남은 30만 원의 이익이 바로 사업자가 사업을 하는 이유다. 이 30만 원을 벌기 위해서 남들이 다 말리는 위험한 사업의 길을 걷는 것이다.

매출, 세금, 경비, 이익 꽤 익숙하지 않은가? 그렇다! STEPS 통장 관리 시스템의 앞 4개 'STEP'과 동일하다. 매출(Sales) 통장, 세금(Tax) 통장, 경비(Expense) 통장, 이익(Profit) 통장은 바로 이와 같은 회계이론 공식에서 탄생했다. 그렇다면 마지막 S인 금고(Safe) 통장은 왜 필요할까?

이를 어렵게 설명하면 '현금주의'와 '발생주의'의 차이점을 보완해주기 위해서다. 현금주의는 예금을 포함한 '현금'을 위주로 수익과 비용을 정리하는 것으로, 대부분의 용돈기입장이나 가계부가 여기에 해당한다. 발생주의는 현금주의의 문제점을 보완해 사업의 손익을 더 정확하게 파악하기 위해서 만들어진 회계방법이다.

현금주의만으로는 사업의 수익과 비용을 정리하는 데 한계가 있다. 왜냐하면 사업은 '신용'을 바탕으로 하기 때문이다. 따라서 외상거래가 필연적으로 발생한다. 예를 들어 고객에게 물건을 팔고 그 값을 다음 달에 받기로 했더라도 장부에는 현재 매출액으로 먼저 기록되어 있어야 한다. 그래야 외상거래까지 빠짐없이 관리되기 때문이다.

하지만 현금주의니 발생주의니 하는 용어는 하나도 중요하지 않다. 그냥 회계의 단점을 보완해주는 장치라고만 이해해도 충분하다. 자신의 사업을 안전하게 돕는 금고 하나쯤 있으면 든든하지 않은가?

Money M의 탄생

하브 에커는 통장 쪼개기를 시각적으로 기억하기 위해 다음과 같이 유리병으로 비유했다. 꿀을 필요한 만큼 유리병에 미리 옮겨 담아놓은 모습을 연상하면 될 것이다.

하브 에커의 6개 유리병 시스템

생활	경제적 자유	장기 저축	교육	유흥	나눔
55%	10%	10%	10%	10%	5%

이 책에서는 대문자 알파벳 M을 이용해 앞으로 다룰 내용을 효과적으로 전달하도록 하겠다. 하브 에커의 5개 통장을 M의 각 꼭짓점에 표시하면 바로 다음과 같다.

하브 에커의 5개 통장 시스템

나눔
통장

경제적 자유
통장

월급
통장

생활비
통장

장기 저축
통장

이를 다시 사업자용 통장으로 확대해보자. 절대 회계 3M 중 가운데에 위치한 M으로 이름은 'Money M'이다. 사업으로 '돈(Money)'을 벌기 위해 필요한 5개 통장을 의미한다. 매출(Sales), 세금(Tax), 경비(Expense), 이익(Profit), 금고(Safe) 통장이다. 절대 회계에서 가장 먼저 암기해야 할 그림이다. 부를 향한 추월계단인 'STEPS'라는 알파벳 5개를 기억하고, Money를 뜻하는 M의 각 꼭짓점에 알파벳을 하나씩 써보며 복습해라.

회계이론은 복잡하지만, 실전 회계인 절대 회계는 이토록 간단하고 쉽다. 바로 이것이 사업의 돈을 관리하는 가장 쉬운 방법이다.

왜 통장 쪼개기 따위가
효과가 있을까?

가끔씩 대표들을 대상으로 통장 쪼개기에 대해 강의하거나 설명하고자 할 때 약간 머뭇거릴 때가 있다.

'그래도 명색이 회계 강의인데 뭔가 더 거창한 걸 이야기해야 하지 않을까?'

하지만 그 어떤 회계방법보다 통장 쪼개기가 강력하다는 확신이 있다. 가장 쉽고 가장 효과적인 방법이다.

이번 장에서는 민망할 정도로 간단해 보이는 통장 쪼개기가 왜 효과적인지 그 이유를 알아보자. 그 이면에는 흥미로운 심리학 이론이 있다는 사실을 알게 될 것이다.

가계부를 안 쓰는 어머니

어릴 때 집구석에 가계부가 여럿 굴러다녔다. 어머니가 1~2주 쓰시다가 포기한 가계부들이었다. 어머니는 짜임새 있게 가계를 잘 운영하시는 분이었지만 가계부를 쓰는 건 유난히 어려워하셨다. 그리고 줄곧 이렇게 말씀하셨다.

"쓰다 보면 한숨이 나와서…."

아마도 아버지의 월급은 정해져 있는데 나가야 될 곳은 많으니 저절로 한숨이 나온 게 아닌가 싶다. 그러나 가계부를 안 쓰시는 어머니도 아버지가 월급봉투를 가지고 오시면 꼭 하시는 일이 있었다. 봉투를 4~5개 준비하고는, 한 달의 대략적인 생활비, 자식들의 학원비, 예상 경조사비 등 다음 달에 나갈 돈을 항목별로 봉투를 만들어 옮겨놓으셨다. 그러고는 마치 도둑이 훔쳐 가기라도 할까 봐 싱크대 안쪽의 손이 닿을락 말락 하는 곳에 그 봉투들을 보관하셨다. 그건 가계부를 쓰시지 않고도 안정적으로 가계를 끌고 나가는 어머니 나름의 방법이었으리라.

그 방법으로 필자는 고액 과외는 아니더라도 다니고 싶었던 학원은 다 다녔던 거 같다. 그리고 큰 집은 아니더라도 4명의 가족이 오붓하게 살 수 있는 아파트도 구입하셨고, 훗날 IMF 때 아버지가 받으신 퇴직금을 더해 조그마한 자영업도 시작하실 수 있었다.

예전에는 인터넷 뱅킹이 없어 은행 업무를 보려면 은행에 직접 가야 했기 때문에, 이렇게 봉투에 돈을 나눠 담는 행동이 요즘 재테크책에서 이야기하는 통장 쪼개기가 아닐까 싶다. 그런데 또 한편으로 생각해보면 이렇게 봉투에 돈을 옮겨 담는 행동은 사실 비효율적이고 불필요해 보이기도 한다. 그냥 최초의 월급 통장에서 필요한 돈을 빼서 쓰는 게 빠르고 쉽지, 매달 일정 시간을 써가면서 하나하나 봉투에 옮기는 일을 도대체 왜 할까?

그 이유는 바로 월급봉투에 100만 원을 넣어두고 있으면 100만 원만큼 소비 수준이 커지지만, 용도에 맞게 봉투별로 10만 원, 20만 원씩 옮겨놓으면 그 금액에 맞게 소비 수준이 조절되기 때문이다! 즉 사람은 눈에 많은 돈이 보이면 씀씀이가 저절로 커지고, 눈에 보이는 돈이 적으면 저절로 그 금액에 맞춰 살게 된다.

인간은 합리적이고 이성적인 동물이 아니다. 많은 경우 인간은 비이성적이고 본능적으로 움직인다. 하나의 통장에 돈을 많이 두는 건 '본능적으로' 돈을 많이 쓰도록 놔두는 것이다. 반대로 여러 통장에 돈을 쪼개놓으면 '본능적으로' 돈을 적게 쓰게 된다. 따라서 머리를 크게 쓰지 않아도 저절로 자신의 소비 수준이 조절되는 아주 좋은 방법이기 때문에, 어찌 보면 가계부를 쓰는 것보다 통장 쪼개기의 효과가 훨씬 더 클 수도 있다. 마찬가지로 사업자도 복잡한 회계장부를 작성하는 것보다 이러한 인간의 본능에 맡겨버리는 게 더 낫지 않을까? 어차피 사업도 인간이 하는 것이다.

벼락치기의 위대함

테드(TED) 강좌를 보면 가끔 조회수가 수십만이 아니라 수천만이 넘는 영상들이 있다. 그중에서 하나를 소개하고자 한다. 팀 어번(Tim Urban)의 '할 일을 미루는 사람의 심리(Inside the mind of a master procrastinator)'다. 이 영상에서 팀은 계속해서 대학교 과제를 미루다가 마감일이 다 되어서야 겨우 해내는 자신의 모습을 묘사했다.

팀처럼 제출기한이 거의 끝나가서야 허겁지겁 과제를 해본 경험은 누구나 한 번씩 있을 것이다. 필자도 이런 문제를 흔히 경험한다. 강의 요청을 별생각 없이 수락하고 나면 한동안은 전혀 걱정하지 않는다.

'아직 시간도 많은데 어찌 되겠지.'

하지만 강의 날짜가 다가오면 그 전 주부터 점점 신경이 쓰이다가 주말이 되면 괜히 짜증이 나고, 결국에는 강의 하루 전에 후다닥 자료를 만든다. 한 달이라는 시간이 주어져도 해내지 못했던 것을 단 몇 시간 만에 끝내는 초인적인 힘을 발휘한다. '이럴 거면 진작 했으면 좀 좋았나!' 하는 생각이 들지만 매번 이런 사태가 반복된다.

벼락치기를 하고 있는 내 모습을 보고 있노라면 가끔 스스로가 봐도 정말 위대하다는 생각이 든다. 이 짧은 시간에 엄청난 집중력을 발휘해 일정 이상의 결과물을 만들어내는 모습을 보면, 인간의 능력은 실로 대단한 것 같다. 그러나 왜 이런 일이 계속 반복될까? '이렇게 뭔가 반복된다면, 이건 본능과도 관련되지 않을까?' 하는 생각이 들었다. 벼락치기 패턴을 분석해보면 크게 다음과 같은 일이 벌어진다.

- 1년이 주어지면 1년 만에 해내고, 하루가 주어지면 하루 만에 해낸다.
- 마지막 벼랑 끝에 몰리면 초인적인 힘을 발휘한다.

나중에 좀 더 공부하다 보니 이것에 대한 사회과학적 법칙이 존재한다는 사실을 알게 되었다. 그것은 바로 파킨슨 법칙!

파킨슨 법칙

영국 해군에서 근무하던 파킨슨(Parkinson)은 1914년부터 1928년까지 함정은 67%, 장병은 31.5%만큼 수가 감소했으나 행정 인력의 수는 오히려 78%나 증가했음을 발견했다. 즉 영국 해군의 조직 크기나 업무량은 줄었지만 행정 인력의 수는 매년 5.75% 증가한 셈이었다. 이 관찰 내용을 바탕으로 정리된 파킨슨 법칙은 '공무원의 수는 업무량과 관계없이 심리적 요인에 따라 꾸준히 증가한다는 이론'이다.

이 내용이 너무 어렵다면 다음과 같이 좀 더 쉽게 정리해볼 수 있다.

사람의 '심리'에 따른 행동 변화

· 자원이 충분하면, 주어진 자원을 다 쓴다.

· 자원이 부족하면, 주어진 자원을 아껴 쓴다.

공무원이라는 자원이 충분하면 그만큼 할 일이 비례해서 늘어난다. 그러다 보면 쓸데없는 할 일(공무원의 수가 늘지 않았다면 하지 않아도 되었을 일)도 같이 늘어날 수밖에 없다.

이러한 파킨슨 법칙은 거의 모든 자원에 적용된다. 시간과 돈은 물론 심지어 치약을 사용하는 모습도 파킨슨 법칙을 피하기 어렵다.

새 치약을 처음 쓸 때는 치약을 꾹 짜서 칫솔에 듬뿍 묻히는 경우가 많다. 그러다가 치약이 점점 줄어들어 얼마 남지 않았을 때는 어떠한가? 이제는 하루도 못 쓰겠다 싶지만 어떻게든 꾹꾹 눌러 짜서 일주일도 넘게 치약을 아껴 쓰는 경험을 해본 적 없는가?

사람의 '심리'에 따른 행동 변화

· 치약이 충분하면, 치약을 많이 쓴다.

· 치약이 부족하면, 치약을 아껴 쓴다.

팀 어번이 과제나 논문을 위해 주어진 시간을 모두 소비하는 모습은 시간이라는 자원에 파킨슨 법칙이 적용된 예다. 논문의 마감기한이 1년 남았을 때 1년의 거의 모든 시간을 허비하고, 마지막 남은 3일 동안 부랴부랴 마무리하는 모습은 영락없는 파킨슨 법칙의 전형이다.

사람의 '심리'에 따른 행동 변화

- 시간이 충분하면, 시간을 다 쓴다.
- 시간이 부족하면, 시간을 아껴 쓴다.

이제 '돈'이라는 자원으로 파킨슨 법칙을 확장해보자.

사람의 '심리'에 따른 행동 변화

- 돈이 충분하면, 소비가 그만큼 증가한다.
- 돈이 부족하면, 소비가 그만큼 조절된다.

재테크책에서 하나같이 강조하고 있는 통장 쪼개기의 비밀이 여기 있는 것이다.

사람의 '심리'에 따른 행동 변화

- 통장에 돈이 충분하면, 소비가 그만큼 증가한다.
- 통장에 돈이 부족하면, 소비가 그만큼 조절된다.

반복해서 '심리'를 강조하는 이유는 이 법칙이 인간의 심리와 관련이 깊다는 것에 주목하고 싶어서다. 일종의 본능이어서 머리로는 잘 이해가 안 될지라도 저절로 그렇게 되기 마련이다. 머리로는 학교 숙제를 미리미리 하고 싶지만 결국에는 주어진 시간을 다 허비하고, 마지막에 벼락치기를 하게 되는 것은 '심리적', '본능적' 행위다. 이걸 강한 이성으로 이겨낼 수는 있겠지만 대부분의 사람이 경험으로 결코 쉽지 않음을 잘 알고 있다.

그 옛날 어머니가 여러 봉투로 돈을 옮겨 담아놓으셨던 것도 마찬가지고, 재테크 강사들이 통장 쪼개기를 강조하는 이유도 똑같다. 그만큼 파킨슨 법칙의 원리는 역사가 길고 강력하다. 이 법칙을 거슬러 행동하기보다는 여기에 편승해 행동하는 것이 편하고 쉽다. 사업도 마찬가지다. 사람이 하는 것이다. 더군다나 여러 사람이 함께 모여서 하기 때문에 어쩌면 파킨슨 법칙이 그만큼 더 강하게 작용할지도 모른다. 사업의 돈을 관리하는 것도 똑같다.

사람의 '심리'에 따른 행동 변화

· 사업용 통장에 돈이 충분하면, 소비가 그만큼 증가한다.

· 사업용 통장에 돈이 부족하면, 소비가 그만큼 조절된다.

이 사실을 반드시 명심하자!

통장을 몇 개나
만들어야 할까?

앞 장에서 통장 쪼개기가 대표들에게도 꼭 필요하다는 점을 파킨슨 법칙처럼 어려운 말까지 사용하며 설명했다. 그렇다면 사업용 통장을 몇 개나 만들어야 할까? 이 질문에 정답은 없겠지만, 필자는 3개 이상은 꼭 만들라고 조언한다. 가장 미련한 방법이 통장 하나로 관리하는 것이다. 물론 가장 깔끔하고 쉬운 방법이지만 통장 잔액에서 얻을 수 있는 인사이트가 거의 없다. 재무제표를 하나도 볼 줄 모르는 대표도 통장 잔액은 자주 확인한다. 만약 통장을 하나만 사용한다면 이렇게 될 것이다.

'현재 통장 잔액이 1억 원이구나. 그래서 뭐?'

여기서 최악의 상황은 다음과 같다.

'우아, 내가 사고 싶었던 SUV가 8,000만 원인데 그걸 사고 나도 2,000만 원이 남네. 사업자는 비용처리도 된다니까 얼른 사야지. 다음 달에는 가격도 오른다니까 당장 딜러한테 전화해 보자!'

통장에 1억 원이 있으면, 1억 원에 걸맞게 소비 수준이 커진다. 이것이 파킨슨 법칙의 힘이다.

처음이라면 일단 3개로 시작하자

초보 대표들이나, 아무리 생각해도 통장을 여러 개 운용할 자신이 없는 이들에게는 일단 통장 3개부터 시작해보라고 이야기한다. 현실적으로 초보 대표들은 은행에서 통장을 3개 이상 만들기도 어려운 경우가 많다(대포 통장을 방지하기 위한 은행 정책 때문이다). 하지만 3개 정도는 조금만 노력하면 신규사업자도 얼마든지 만들 수 있으며, 본인이 개인사업자라면 개인 통장 중에 안 쓰는 것 몇 개쯤은 있을 것이다. 그것들로 시작하면 된다.

통장 3개는 기억하기 쉽도록 'BTS'라고 칭하겠다.

① B(Business): 사업용 통장(모든 매출과 매입이 일어나는 통장)

② T(Tax): 세금 통장(세금 예상액을 준비하는 통장)

③ S(Safe): 금고 통장(추후 운용자금이 필요한 경우를 대비하는 통장)

한 달에 한 번(1일 또는 말일) 사업용 통장(B)에서 일정 금액을 세금 통장(T)과 금고 통장(S)으로 옮겨놓는다. 그 금액은 과거의 재무현황을 보고 매출액의 몇 % 수준으로 정하면 된다. 어차피 자신의 통장에서 자신의 통장으로 옮기는 행위에 불과하므로 돈이 외부로 나가는 것도 아니다. 그렇기 때문에 일단 통장 3개를 만들어 대략적인 비율로 옮겨보면, 시행착오를 거쳐 몇 달 안에 자신의 사업에 맞는 금액을 확정할 수 있을 것이다.

필자의 경험상 통장을 1개만 사용하는 대표일수록 재무에 어두운 경우가 많았다. 거의 감에 의존해 사업을 하거나 늘 세금 낼 돈이 없다고 투덜거리기도 한다. 통장이 하나뿐이면 세무사무소 입장에서는 장부를 정리하기가 편하고 좋다. 그러나 세무사무소 좋자고 통장을 하나만 관리할 것인가?

한 달에 한 번 세금 통장과 금고 통장으로 이체하는 게 귀찮다고 반문한다면 더 이상 도와줄 수 있는 방법이 없다. 그냥 통장 하나로 다 관리하라고 놔두는 수밖에. 이체하는 데 길어야 5분도 걸리지 않는다. 그 정도의 노력도 안 하고 싶다면 서점으로 가서 재테크책을 딱 1권만 사보길 바란다. 얼마나 많은 사람이 가계를 운영하기 위해 각종 방법을 사용해서 노력하는지 알게 될 것이다.

재무관리는 회계사나 세무사가 해주는 것이 아니다. 그들은 코치의 역할만 할 뿐이다. 선수는 바로 대표 자신이라는 점을 명심해라.

웬만하면 5개가 좋다

절대 회계 'Money M'에서는 다음 페이지의 그림과 같이 5개의 통장을 만들기를 추천한다.

이렇게 정리하게 되기까지 도움을 준 책이 2권 있다. 하나는 하브 에커의 『백만장자 시크릿』이고, 다른 하나는 마이크 미칼로위츠(Mike Michalowicz)의 『수익 먼저 생각하라』다. 『백만장자 시크릿』이 통장 쪼개기에 대한 큰 영감을 줬다면, 『수익 먼저 생각

Money M의 5개 통장

Tax
세금 통장

Profit
이익 통장

Sales
매출 통장

Expense
경비 통장

Safe
금고 통장

하라』는 그 방법이 사업에도 그대로 적용될 수 있을 거라는 강한 확신을 줬다.

『수익 먼저 생각하라』는 대표들을 위한 재무책 중에서 아마존의 최장기 베스트셀러가 아닐까 싶다. 그 방법은 굉장히 간단하다. 5개의 사업용 통장(매출, 이익, 대표의 급여, 세금, 경비)을 유지하면서 매월 2회 정도 매출 통장에서 나머지 통장으로 일정 비율의 금액을 옮기라는 것이다. 절대 회계에서는 금고 통장을 별도로 만들고 있으며, 대표의 급여 통장은 따로 두고 있지 않다. 통장 쪼개기에는 정답이 없기 때문에 일단 시작해 적용하다 보면 자신의 사업에 맞는 최적의 답안을 찾을 수 있게 된다.

필자의 고객들에게는 대부분 5개의 통장을 운용하라고 조언한다. 물론 그중에서 바로 실천하는 고객도 있고, 실제 행동으로 옮기기까지 몇 년이나 걸리는 고객도 있다. 이 방법으로 통장을 관리하는 고객들 대부분은 다음과 같이 이야기한다.

"이젠 통장만 봐도 사업을 바로 파악할 수 있어서 정말 좋아요. 회계사님이 세금신고를 해주는 건 크게 고마운지 모르겠는데, 이렇게 통장을 만들어주신 건 정말 대박이에요!"

회계사라는 직업은 보통 잘해야 본전인 경우가 많다. 일을 열심히 하고 고객들에게 이런 칭찬을 받기는 쉽지 않다. 이 업계에서 이 정도면 극찬이다. 5개의 통장에 대한 구체적인 운용 방법은 다음 장에서 자세히 살펴보도록 하겠다.

여유가 된다면 7개까지

일단 통장을 5개 준비한다면 절대 회계의 출발선에 섰다고 볼 수 있다. 하지만 이것보다 더 완벽하게 관리하고 싶은 대표가 있다면 추가로 추천하는 통장이 2개 더 있다. 그러나 통장 5개도 버겁다면 개수를 더 이상 늘리지 마라. 먼저 통장 5개가 익숙해지면 그다음에 늘리는 것을 추천한다. 추가할 2개의 통장은 이것들이다.

① L(Loan): 대출 통장(대출금을 갚기 위해 저축하는 통장)
② I(Investment): 투자 통장(투자를 위해 저축하는 통장)

사업하는 대부분의 대표는 크든 작든 일정 규모 이상의 대출금이 있다. 레버리지가 필요할 때 현명하게 빚을 잘 사용하는 것은 사업의 성장을 위해서 필수지만, 그렇게 빌린 돈을 현명하게 잘 갚는 것 또한 매우 중요한 기술이다. 사실 기술이라고 할 것도 없이 간단하다. '대출 통장'을 만들거나 정기적금에 가입하면 된다.

2년 뒤 1억 2,000만 원을 갚기 위한 방법
· 24개월 동안 매월 500만 원씩 별도의 통장에 저축한다.
· 만기일이 대출금 상환일과 동일한 500만 원의 정기적금에 가입한다.

이 방법들로 빚을 착실하게 갚아나가야 한다. '또 빌리면 되지'라는 안일한 생각으로 사업하다가 부도로 회생 불능이 된 대표들을 너무나 많이 봤다. 필요해서 빌리는 돈은 얼마든지 찬성하지만, 빌렸으면 갚을 줄도 알아야 한다. 갚을 계획은 없이 이자율이 낮은 정부지원자금만 찾아다니는 대표들을 보면 주객전도라는 생각을 지울 수 없다. 그런 대표들의 상당수는 결국 불법과 편법 사이에서 줄타기하는 대출 컨설턴트의 먹잇감이 되어, 이자는 물론 큰 금액의 컨설팅 수수료까지 떼이는 경우가 많다.

그리고 하나 더 만들기를 추천하는 통장이 바로 '투자 통장'이다. 이는 통장 쪼개기의 가장 큰 단점을 보완하기 위함이다. 통장 쪼개기는 눈앞에 보이는 통장 잔액을 줄여놓아서 소비 수준이 자동으로 조절되는 장점이 있지만, 반드시 써야 할 곳에도 돈을 안 쓰게 만드는 문제가 있다. 사업이 성장하려면 일정 부분에 선제적인 투자가 필요하기 마련인데, 이러한 투자마저 줄인다면 사업은 정체 혹은 쇠퇴할 것이다. 이런 장기적인 관점에서 꼭 필요한 통장이 바로 투자 통장이다. 이 통장의 운용 방법 또한 대출 통장과 동일하다.

2년 뒤 1억 2,000만 원을 투자하기 위한 방법

· 24개월 동안 매월 500만 원씩 별도의 통장에 저축한다.

· 만기일이 투자 예상일과 동일한 500만 원의 정기적금에 가입한다.

이처럼 간단하다. 그저 행동하느냐 하지 않느냐의 문제다. 지금까지 몇 개의 통장을 만들어야 하는지 설명했다. 요약하면 이렇다.

① 자신이 없다면 일단 'BTS' 통장 3개부터 시작하라.
② 절대 회계 Money M에서는 'STEPS' 통장 5개를 추천한다.
③ 완벽하게 관리하고 싶다면 'LI' 통장 2개를 더 만들어라.

이제 다음 장부터는 절대 회계에서 표준 답안으로 추천하는 5개의 STEPS 통장 운용 방법에 대해 하나씩 살펴보도록 하자.

부를 향한 추월계단, STEPS

"악마는 디테일에 있다"라는 말이 있다. 어떤 일을 큰 그림으로 봤을 때는 쉬워 보일지라도, 막상 세세하게 일을 해보면 고려해야 할 사항이 많을 때 쓰는 표현이다. 그렇다면 STEPS 통장 5개만 만들면 된다는 Money M의 세부 사항에도 악마가 있을까?

결론부터 이야기하면, 절대로 그렇지 않다. 이번 장에서는 STEPS 각각의 통장을 어떻게 운용해야 하는지 최대한 자세히 설명하겠다. 그래도 통장별로 알아야 할 내용이 많지 않고 대부분 상식선에서 이해가 될 것이다. 간단하고 쉬워야 지속적으로 자신의 사업에 적용할 수 있다. 처음부터 완벽하게 하려고 노력할 필요는 없다. 일단은 시작이 중요하며, 이에 필요한 모든 지식은 이번 장에 설명되어 있다.

Money M

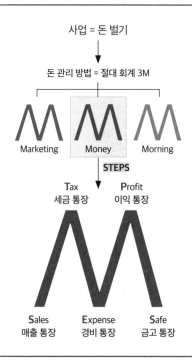

그림에서 알 수 있듯이 지금까지의 내용을 간략히 요약하면 다음과 같다.

① 사업의 목적은 '돈을 버는 것'이다.

② 돈을 벌기 위해서는 반드시 '돈 관리 방법'을 공부해야 한다.

③ 돈 버는 돈 관리 방법을 가장 쉽게 정리한 것이 '절대 회계'다.

④ 절대 회계는 3개의 알파벳 대문자 M, 곧 '3M'으로 구성된다.

⑤ 3M 중 가장 핵심은 가운데에 위치한 'Money M'이다.

⑥ Money M의 꼭짓점 5개는 사업의 돈 관리에 필요한 '5개의 통장'을 의미한다.

⑦ 5개의 통장은 매출(Sales), 세금(Tax), 경비(Expense), 이익(Profit), 금고(Safe) 통장, 곧 'STEPS'다.

설명을 위해서 많은 글이 필요했지만, 결국은 재테크에서 강조하는 통장 쪼개기 방법을 자신의 사업에 그대로 적용하기 위해 STEPS라는 5개의 통장을 만들어야 한다는 내용이다. 정말 간단하지 않은가? 이를 위해서는 어떠한 회계 지식도 필요 없다. 그냥 은행에 가서 사업용으로 5개의 통장만 만들면 된다.

이제 통장별 운영 방법을 구체적으로 살펴보자.

Sales: 매출 통장

생각보다 많은 중소기업 대표가 지난달 본인 사업의 매출액이 얼마인지 잘 모른다. 왜냐하면 월별로 재무제표를 결산하지 않는 경우가 대부분이고, 업무가 너무 바빠 세세하게 재무정보를 챙길 정신이 없기 때문이다. 하지만 재무제표를 보는 대표나 보지 않는 대표나 자신의 사업이 잘 운영되고 있는지 알고 싶을 때 반드시 확인하는 것이 하나 있다. 그것은 바로 '통장 잔액'이다. 이를 확인하기 위해 일단 은행 앱부터 켠다. 통장 잔액을 확인한 후 생각보다 잔액이 많으면 안도하고, 예상보다 잔액이 적으면 잠 못 이루는 밤이 이어진다.

이때 만약에 통장을 1개만 운용한다면 들어온 돈과 나간 돈이 마구 뒤섞여, 자신이 실제로 얼마를 벌었고 얼마나 쓰는지가 한눈에 잘 안 들어오게 된다. 이를 해결하기 위한 가장 간단한 방법이 바로 '매출 통장'을 따로 운용하는 것이다. 그러면 매출 통장의 잔액만 확인해도 지금까지의 매출액이 얼마인지 바로 알 수 있다. 절대 회계에서 제안하는 매출 통장의 운용 원칙 세 가지는 다음과 같다.

① 반드시 매출 통장을 분리해 따로 운용한다.
② 한 달에 두 번 매출 통장의 돈을 다른 4개의 통장으로 옮긴다.
③ 옮기는 비율은 사전에 정해두고, 사업을 운영하며 최적화한다.

한 달에 한 번만 옮겨도 되지만 실무로 실험을 해본 결과, 두 번 옮기는 것이 자금관리 측면에서 더욱 효율적이었다. 날짜는 보통 '5일+20일, 10일+25일, 15일+30일' 조합 중 하나를 선택하면 무난할 것이다. 자신의 사업에 가장 적절한 조합을 찾아서 반드시 두 번 옮기자.

Tax: 세금 통장

대표들이 사업을 하며 가장 싫어하는 것 중 하나가 바로 '세금 서프라이즈'다. 경제 신문에 자주 나오는 '어닝 서프라이즈(기업의 영업실적이 예상치보다 높아 주가에 긍정적인 신호를 주는 것)'는 모든 대표가 사랑하지만, 어느 날 갑자기 세무사무소에서 걸려 오는 전화 한 통에는 숨이 막힐 것이다.

"대표님, 이번 달에 부가세로 4,400만 원 내셔야 합니다."

가끔 세금을 줄이기 위해 회계사나 세무사보다 세금을 더 열심히 공부하는 대표들이 있다. 하지만 그런 대표일수록 정작 사업의 성과는 별로인 경우가 많다. 처음에는 이런 일이 반복되는 게 신기했지만, 경력이 쌓이면서 이것은 당연한 수순이자 순리라는 사실을 알게 되었다. 세금을 줄이는 가장 확실한 방법이 무엇인지 아는가?

버는 돈이 없으면, 세금도 없다!

"소득이 있는 곳에 세금이 있다"라는 명언이 있듯이 소득이 생기면 세금은 반드시 따라오기 마련이다. 그러나 사업이 망하면 세금을 한 푼도 내지 않아도 된다. 세금을 줄이는 데 온 정신이 팔려 있으면, 사업의 성장은 점차 멈추게 된다. 사업이 성장하면 세금도 커지기 때문에 그만큼 스트레스도 늘어나기 때문이다. 이런 심리적 요인 때문에 사업을 점점 더 키울 수 없게 되는 악순환에 빠진다. 심지어 절세를 위해 불필요한 물건을 사는 대표들도 많다. 세금을 줄이기 위해 추가적인 경비를 지출하는 것이야말로 최악의 절세 방법인데 아직도 실무에서는 상식처럼 활용되고 있는 것이 현실이다.

사업을 하면 필연적으로 따라오는 세금을 기쁜 마음으로 받아들여야 한다. 그래야 사업이 성장할 수 있다. 세금에 대한 관점을 건전하게 확립하는 것이야말로 큰 사업가가 되기 위한 초석이다. 자신의 머리로 생각해낼 수 있는 얄팍한 탈세 방법을 국세청이 발견하지 못할 거라고 생각하는 것은 너무나도 큰 오만이다. 요즘처럼 모든 것이 투명해지고 있는 시대에 그 누구에게도 들키지 않는 탈세 방법은 없다고 생각해야 마음이 편하다. 많은 경우 자신의 직원들이 먼저 그것이 불법임을 안다.

세금은 더 이상 걱정거리가 아니라 미리 준비만 하면 되는 대상이다. 매달 버는 돈의 일정 비율을 부가세와 법인세(종합소득세)를 대비해 세금 통장으로 미리 옮겨놓기만 하면 된다. 그리고 때가 되면 그 통장에 있는 돈으로 당당하게 그리고 기쁜 마음으로 세금을 납부하면 된다.

① 세금은 두들겨 맞는 것이 아니라 미리 준비하는 것이다.
② 절세 방법보다 세금 통장에 집중한다.
③ 주거래은행이 아닌 곳에 세금 통장을 만든다.

주거래은행에 세금 통장을 만들어놓으면 평소에도 계속 세금 통장의 잔액을 보게 된다. 그러면 사업을 운영하다가 돈이 필요할 때 자꾸 세금 통장의 돈을 빼 쓰게 된다. 따라서 이를 애초에 방지하기 위해 세금 통장은 가급적 자주 보지 않는 은행에 만들어놓을 것을 추천한다.

Expense: 경비 통장

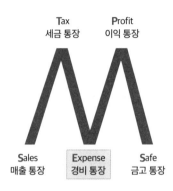

돈을 엄청나게 벌었다고 TV에 나오고 신문에도 커다랗게 사진이 나오던 대표가 몇 년 뒤에 쫄딱 망했다는 기사를 심심찮게 볼 수 있다. 이유는 단순하다. 버는 돈에 비해 너무 많이 써서 그렇다. 아무리 잘 벌어도 펑펑 쓰는 데는 장사 없다.

돈을 내실 있게 쓰려면 반드시 매달 예상 지출액을 경비 통장에 미리 옮겨놓아야 한다. 이것을 시작하기 전에 다음과 같이 맹세하자.

'이번 달에는 반드시 이 금액으로 버텨봐야지!'

사람에게는 신기한 능력이 있어서 이렇게 마음을 먹으면 버터진다. 버티기 위한 각종 방법이 머리를 가득 채우기 시작한다. 도저히 불가능해 보이던 금액으로 한 달을 꾸려나가는 모습을 보며, 그동안 얼마나 생각 없이 경비를 지출했는지 처절하게 반성하는 대표가 많다.

경비 통장을 운영할 때 반드시 주의할 점이 두 가지 있다. 이를 명심하면 사업의 재무관리가 더욱 탄탄해질 것이다.

① 매달 특정 날짜에 돈을 지급하라.
② 고정비를 줄여라.

첫 번째, 매달 특정 날짜에 돈을 지급하라

가끔 어떤 대표들은 작은 빚도 참을 수 없어 한다. 그래서 거래처에서 대금지급을 요구하면 그날 바로 입금해버린다. 절대로 이렇게 사업을 운영해서는 안 된다. 사업은 미안함, 찝찝함이 아닌 생존의 문제다.

사업을 운영하면서 줄 돈을 절대로 빨리 지급하면 안 된다. 줄 돈은 빨리 주고 받을 돈은 늦게 받으면, 그것이 바로 파산으로 가는 지름길이다. 따라서 반대로 만들어야 한다. 사업을 하는 사람은 항상 줄 돈은 천천히 주고, 받을 돈은 어떻게 하면 최대한 빨리 받아낼 수 있을지를 고민해야 한다. 그래야 사업의 자금이 마르지 않는다. 그러지 않으면 '흑자도산'을 할 수도 있다. 실무에서 꽤 자주 일어나는 일이다.

그러나 돈을 늦게 주고 싶다고 무작정 늦출 수는 없는 노릇이다. 그렇게 하면 아무도 자신과 거래하지 않을 것이기 때문이다. 그렇다면 어떻게 해야 할까? 돈을 그때그때 주는 게 아니라 약속한 날짜에 주면 된다. 약속한 날짜에 잊지 않고 주면, 그게 바로 '신용'이 있는 대표다. 갑을 관계라는 관점에서 보면 돈을 지급하는 쪽이 보통 갑(고객)이다. 그렇기 때문에 조금만 노력하면 대금지급일을 자신이 원하는 대로 조정할 수 있다. 그동안 노력을 안 해서 그렇지 한두 달의 시행착오만 거치면 누구나 정착시킬 수 있다.

한 달에 두 번 정해진 날짜에 경비를 지급해보자. 지급 날짜는 가급적 앞에서 정한 매출 통장에서 다른 통장으로 돈을 옮기는 날짜와 통일하는 것이 실무상 편할 것이다. '5일+20일, 10일+25일, 15일+30일' 중 자신의 사업에 맞는 조합을 찾아서 시행해보자. 다시 한번 더 강조한다. 줄 돈은 약속한 날짜에 늦지 않게 주고, 받을 돈은 최대한 빨리 받아라.

두 번째, 고정비를 줄여라

회계학책을 보면, 비용을 변동비와 고정비라는 개념으로 구분한다. 변동비는 매출이 증가함에 따라 함께 증가하는 비용이고, 고정비는 늘 일정한 비용이다. 예를 들어 쇼핑몰을 운영하는 사업의 경우 상품 매입비는 매출에 따라 증가하는 변동비에 해당하고, 사무실 임대료는 매월 일정 금액만 내기 때문에 고정비에 해당한다.

변동비와 고정비 중에서 대표가 더 관심을 기울여야 할 비용은 '고정비'다. 고정비가 큰 사업은 불경기에 큰 타격을 입을 수밖에 없다. 왜냐하면 매출이 없어도 지급해야 할 금액은 정해져 있기 때문이다. 파산하는 대부분의 사업은 고정비를 버티지 못해서다. 따라서 사업을 운영하면서 경비를 지출할 때 그 비용을 가급적 변동비로 만들 수 없을지 매번 고민해야 한다.

고정비를 줄이는 대표적인 방법은 다음과 같다.

① 직원을 직접 채용하기보다 아웃소싱할 수 있는지 고민한다.
② 공유오피스를 이용해 필요한 공간만큼만 금액을 지불하고 사용한다.
③ 매달 일정 금액이 나가는 모든 비용의 필요성을 다시 점검한다.

Profit: 이익 통장

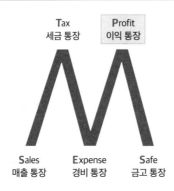

앞에서 소개한 마이크 미칼로위츠의 『수익 먼저 생각하라』의 원제가 'Profit First'다. 이 제목이 곧 책이 강조하는 메시지다. 통장 쪼개기를 하면 이익에 일정 금액이 저절로 배분되는데, 왜 그는 굳이 이익을 먼저 떼놓으라고 제목에서 강조했을까? 이를 이해하기 위해서는 이익에 대한 관점의 변화가 필요하다.

세상에서 가장 간단한 회계 공식을 다시 살펴보자.

수익 – 비용 = 이익

이는 번 돈(수익)에서 쓴 돈(비용)을 빼면 남은 돈(이익)이라는 뜻이었다. 어쩌면 2-1=1처럼 아주 상식적으로 보이지만, 일상생활에서는 수많은 혼란을 야기하는 공식이기도 하다.

"우리 고등학교 친구 길동이 있잖아. 그 녀석 작년에 식당을 열어서 100억 넘게 벌었다네. 대박이지?"

회계사인 필자는 이런 말을 들으면 순간적으로 머리 위에 물음표가 생긴다. 여기서 말하는 100억 원은 도대체 무엇을 의미하는 것일까? 수익일까, 이익일까? 식당을 운영해서 매출(수익의 다른 이름)이 100억 원 발생했다는 뜻일까, 아니면 매출에서 각종 비용을 공제하고 심지어 세금도 내고 나서 최종적으로 남은 돈, 즉 이익이 100억 원이라는 뜻일까? 도통 모르겠다.

일상생활에서는 이 두 용어를 마구 혼용한다. 하지만 사업체를 운영하는 대표는 절대로 그러면 안 된다. 경영이라는 전쟁터에서 이 두 용어가 의미하는 바는 전혀 다르기 때문에, 대표는 늘 '수익'과 '이익'을 정확하게 구분해서 말할 수 있어야 한다. 다시 한번 정리하면, 수익은 자신의 물건이나 서비스를 구입한 고객이 내게 지불한 돈, 즉 매출액이다. 이익은 수익에서 각종 지출액을 빼고 남아 있는 돈, 즉 내 손에 쥐게 된 최종 금액을 의미한다. 이 둘을 분명히 구분하자.

그렇다면 고등학교 친구 길동이가 벌었다는 100억 원은 수익일까, 이익일까? 아마도 매출액이 100억 원이지 않을까? 식당으로 이익 100억 원을 단기간에 벌기는 어렵기 때문이다.

다시 한번 세상에서 가장 간단한 회계 공식을 살펴보자.

$$수익 - 비용 = 이익$$

사업으로 발생한 수익에서 비용을 제하면 결국 이익이 남는다. 그렇다. 이익이야말로 사업의 목적이자 정수다! 사업을 하는 가장 중요한 이유는 바로 이 '이익'을 남기기 위해서다. 물론 고객에게 최고의 가치를 제공하는 것이 더 그럴싸한 목적이 될 수 있겠으나, 이익이 남지 않는 한 그 사업은 사업이라고 부를 수도 없다. 이익이 없으면 자신은 물론 주위 사람들한테 폐만 끼치는 사고뭉치로 전락하게 된다. 사업에서 이익이란 사람의 '피'와 같은 것이다. 깨끗한 피가 모든 건강의 기초이듯 안정적인 이익이 발생하는 사업만이 결국 살아남을 수 있다.

그런데 마이크 미칼로위츠는 여기서 가장 비극적인 회계의 배신이 시작된다고 주장한다. 이 공식을 믿고 사업을 한 많은 대표가 망해갔다. 하루 24시간이 부족할 정도로 열심히 일했지만 어김없이 망했다. 직원들의 월급은 한 번도 밀린 적이 없건만, 가족에게는 가져다줄 돈이 없어 좌절하는 대표가 대한민국에 얼마나 많은지 알고 있는가? 대표라는 사람은 어디 가서 하소연할 수도 없다. 투덜거려봐야 누워서 침 뱉기기에 혼자 끙끙 앓는다.

"나는 돈이 없어 가난한 대표다."

이를 회계로 표현하면, 사업에서 이익이 발생하지 않아 적자인 사업체의 대표라고 할 수 있겠다. 왜 내 사업은 이익이 나지 않을까? 앞선 회계 공식을 이해했다면 이유는 둘 중 하나일 것이다. 수익이 너무 적었거나 비용이 수익에 비해 컸기 때문이다. 수익이 너무 적은 경우에 대한 이야기는 다른 장에서 차차 하도록 하겠다. 얼핏 생각해봐도 매출이 너무 적었기 때문에, 한마디로 장사가 안되어 가난하다는 것은 상식적으로 쉽게 이해가 된다.

하지만 수익이 충분히 커도 이익이 없는 경우가 있을까? 대표들의 흔한 엄살이 아닐까? 절대로 아니다. 10년이 넘는 회계사 생활 동안 수없이 많은 사업체의 면면을 봐온 필자가 장담하건대, 정말로 많다. 대한민국에는 수익은 충분히 발생했지만, 그 못지않게 많은 비용이 발생해 이익이 초라한 업체가 수도 없이 많다. 이익이 사업의 진정한 목적임에도 말이다.

왜 그럴까? 마이크 미칼로위츠는 핵심 원인이 바로 앞에서 살펴본 회계 공식에 있다고 본다. 많은 대표가 이 회계 공식에 맞춰 너무나도 성실하게 사업을 운영했기 때문이다. 열심히 일해서 수익을 발생시킨 후 거기서 비용을 차감하고 나서 자신의 몫인 이익을 남긴다. 즉 이익은 '남기는 것'이다. 이런 관점으로 이익을 바라보다 보니 비용을 많이 쓰는 날에는 이익이 남지 않는다.

대표들은 이익을 다르게 정의해야 한다. 이익을 비용이 정해지고 나서 남는 것이라고 이해해서는 절대로 안 된다. '수익→비용→이익' 이렇게 이어지는 화살표로 보면 이익은 맨 마지막 꼴찌다. 꼴찌는 늘 천대받고 먹을 것도 없다. '수익-비용=이익'이라는 상식적인 회계 공식은 사실 이익을 가장 천대하는 공식이다. 사업에서 가장 중요한 이익을 가장 무시하는 회계의 배신이자 막장 드라마다.

그렇다면 수익과 비용 그리고 이익을 어떻게 바라봐야 할까? 이들의 관계는 바로 '부모와 자식'이다. TV 채널을 돌려보다가 동물 다큐멘터리를 볼 때가 있다. 필자는 볼 때마다 신기하고 경이롭기까지 한 장면이 하나 있다. 바로 어미 새가 갓 태어난 아기 새들에게 먹이를 나눠주는 모습이다. 아기 새들이 먹이를 향해 바글바글 달려들 때 어미 새는 그 어느 새끼 하나도 놓치지 않고 먹이를 골고루 나눠준다. 어찌 보면 무질서해 보이지만 어미 새는 굶는 새끼가 없도록 최선을 다한다. 바로 이게 부모와 자식의 관계다. 사업에서 수익은 부모고 비용과 이익은 자식이다. 어미 새가 먹이를 가져오듯이 수익이 회사로 돈을 벌어온다. 그러면 어미 새가 가져온 먹이를 아기 새들에게 나눠주는 것처럼 수익이 벌어온 돈을 비용과 이익이라는 자식에게 균등히 나눠줘야 한다.

수익에서 비용을 빼고 남은 것이 이익이 아니라, 수익을 비용과 이익에 공평하게 '나눠준다'는 발상의 전환이 필요하다. 특히 대표들은 반드시 이렇게 회계를 공부해야 한다. 이 개념이 있고 없고에 따라서 사업의 성패가 바뀔 수 있다. 앞에서 말한 '수익-비용=이익'이라는 회계 공식은 깡그리 잊어도 좋다. 대표들이 하도 이익을 무시하니까 『이익 먼저 생각하라』에서는 이 공식의 순서를 아예 뒤집어놓았다. 이익이 먼저 표시되도록!

수익 - 이익(First) = 비용

한마디로 이익에 먼저 수익을 나눠주고, 남는 돈만 쓰라는 뜻이다.

사업으로 부자가 되고 싶은가? 버는 돈의 10% 이상을 꾸준히 이익 통장으로 옮겨 저축하라! 그 돈이 당신에게 '경제적 자유'를 선물해줄 것이다. 매년 이익 통장에 있는 돈을 '배당'으로 수령할지, 사업 확장을 위해 '재투자'할지만 결정하면 된다. 이익 통장을 만들고 나서 처음으로 배당금이라는 것을 받아봤다고 감격하는 대표도 많다.

어떻게 보면 STEPS 통장 5개 중에서 이익 통장이 가장 쓸모없어 보일지도 모른다. 그러나 사업의 궁극적인 목적이 자신과 가족의 경제적 자유임을 상기해보면, 이익 통장이야말로 STEPS 중 가장 상위에 위치한 정수라고 할 수 있다. 이제 그만 이익을 천대하는 회계 공식은 잊어라!

① 처음에 돈이 부족하면 매출액의 1%로 시작한다.

② 배당금 수령이나 재투자 이외에는 절대로 사용하지 않겠다고 맹세한다.

③ 세금 통장과 같은 이유로 주거래은행이 아닌 곳에 통장을 만든다.

Safe: 금고 통장

사업이 늘 예상하고 계획한 대로만 진행될 수는 없는 노릇이다. 언제든 예기치 않은 일들이 터질 수 있다. 그래서 이를 대비하기 위해 별도의 보험을 꼭 들어놓아야 한다. 그것이 바로 금고 통장이다.

금고 통장에는 일정 금액 이상이 늘 유지되어야 한다. 그 금액은 사업체마다 다르겠지만, 일반적으로 월평균 지출액의 3배 이상이면 적절할 것이다. 매출이 갑자기 0이 되어도 세 달은 버틸 수 있는 정도의 금액 말이다.

지금도 코로나19가 온 세상을 뒤덮고 있다. 갑작스러운 전

염병으로 인해 수많은 사업체가 문을 닫았다. 예전에는 세 달 치 정도만 준비해도 충분하다고 생각했는데 코로나19를 겪고 나니 여섯 달 치도 적게 느껴진다.

① 금고 통장의 잔액은 월평균 지출액의 3~6배에 해당하는 금액으로 유지한다.

② 경비 통장의 돈이 부족할 때 대용해도 되지만 신속히 다시 채워놓는다.

③ 세금 통장과 같은 이유로 주거래은행이 아닌 곳에 통장을 만든다.

똑똑한 대표가
가난하다

사업의 돈 관리 방법을 최대한 쉽고 간단하게 만들어 정리한 것이 Money M이다. 이 방법을 많은 대표에게 설명해본 결과 그에 대한 반응은 크게 두 가지였다.

첫 번째 그룹은 "이렇게 쉽고 편한 방법이 있었느냐!" 하면서 곧바로 실천한다. 그리고 한 달 뒤에 바로 피드백을 준다. "드디어 제 회사의 자금흐름을 계좌 잔액만 봐도 알 수 있게 되었습니다"라며 약간 흥분된 목소리와 함께 말이다.

두 번째 그룹은 더 나은 방법을 찾는다. '통장 쪼개기'가 너무 간단해 보여서 역설적으로 쉽게 수긍이 가지 않는 모양이다. 그들의 심리는 '내가 그래도 매출 ○○억 대표인데, 이런 방법 말고 CFO(Chief Financial Officer, 재무 최고책임자)가 사용하는 그런 것 좀 가져와 봐요' 정도가 아닐까 싶다.

하지만 진리는 대부분 간명하다.

바빌론 최고 부자의 조언

기원전 2,000년 무렵 티그리스강과 유프라테스강 사이의 비옥한 초승달 지대에 '세계의 수도'라고 칭송받던 도시가 있었다. 그 도시의 이름은 바로 바빌론. 바빌론 사람들은 화폐를 사용했고, 약속어음을 주고받았으며, 사업계획과 임대계약서도 작성했다. 바빌론은 오늘날까지 전해지는 금융 기법의 발상지였으며 세계에서 가장 부유한 도시였다.

부유한 도시 바빌론에서도 가장 부자인 한 남자가 있었다. 그의 이름은 아카드. 아카드는 가난한 집안 출신이었지만 각고의 노력 끝에 바빌론에서 가장 큰 부를 소유하게 되었다. 어느 날 바빌론의 왕 사르곤은 아카드에게 백성들에게 '돈 버는 방법'을 가르쳐달라고 부탁한다. 당시 바빌론에서는 부자와 가난한 사람의 격차가 점점 벌어져 각종 사회 문제를 야기하고 있었기 때문이다. '백성들이 잘살아야 국부가 늘어난다'라는 믿음이 있었던 사르곤 왕의 부탁에 아카드는 흔쾌히 응한다.

며칠 뒤 배움의 전당에는 100명이 넘는 사람이 모였다. 아카드의 강의를 듣기 위해서였다. 요즘도 수많은 재테크 강의가 성황리에 열리는 것을 보면 사람 사는 모습은 4,000년 전이나 지금이나 비슷한 것 같다. 가난한 백성들을 위해 바빌론의 최대 부자가 알려주는 부의 비밀이 궁금하지 않은가? 그것은 매우 간단했다.

"버는 돈의 10% 이상을 꾸준히 저축하라!"

재테크 분야의 고전인 『바빌론 최고의 부자』(조지 S. 클래이슨)에 나오는 이야기다. 지극히 상식적이고 어떻게 보면 허무하기도 한 조언이 아닌가. 대단히 특별한 비법을 기대했던 사람들은 "뭐야, 원래 알고 있던 이야기잖아"라고 할지도 모르겠다. 하지만 대표에게 이보다 더 좋은 조언은 없다.

사업으로 부자가 되고 싶은가? 그렇다면 버는 돈의 10% 이상을 꾸준히 이익 통장으로 옮겨라! 부자가 되는 길은 간단하다. 단지 실천의 문제다.

자신을 모르는 가난한 대표들

지금까지의 돈 관리 방법을 다시 떠올려보자. 통장 5개를 만들고 매달 정해진 날짜에 정해진 비율의 돈을 매출 통장에서 다른 통장들로 옮긴다. 그뿐이다. 사업해서 부자가 되는 방법은 이렇게 간단하다. 심지어 아무런 회계 지식도 필요 없다. 그냥 인감도장을 들고 근처 은행에 가서 필요한 만큼 통장만 만들면 된다. 어느 정도 비율로 옮길지는 너무 고민하지 마라. 시행착오를 겪다 보면 비율은 저절로 찾아진다. 시작이 중요하고 습관이 중요하다.

회계사로 일하며 많은 대표가 이 방법으로 부자가 되는 모습을 봤다. 그와 동시에 이 방법을 무시해서 그저 그런 대표로 남는 모습도 봤다. 처음에는 가난한 대표들이 바보라서 이렇게 간단한 조언조차 듣지 않는 줄 알았다. 그런데 그 이유를 더 자세히 살펴보니 사실은 정반대였다. 너무 똑똑해서 이와 같은 유치한 방법을 납득하기 어려웠던 것이었다.

"저는 따로 돈을 떼놓지 않아도 관리하는 데 전혀 문제없어요. 제가 사업을 박 회계사보다 훨씬 더 오래 했는데 돈 관리조차 못할까 봐 그래요? (회계사라는 양반이 초등학생도 알 만한 이야기만 하는구먼.)"

이런 대표들은 대부분 통장 하나로 사업을 운영하고 있었으며, 통장이 여러 개 있더라도 아무런 체계 없이 주먹구구식으로 사용하고 있는 경우가 대부분이었다. 자신의 돈 관리 능력을 과신하는 게 곧 가난으로 가는 지름길이다. 부자로 사는 많은 선배가 걸었던 길을 놔두고 굳이 힘들고 고된 가난의 길을 찾아가는 것이다.

돈을 모으고 싶으면 돈을 모으겠다는 의지만으로는 부족하다. 돈을 모으는 '시스템'을 갖추고 있어야 한다. 큰 힘을 들이지 않아도 돈이 저절로 모여서 시간이 흐를수록 점점 부자가 되는 시스템이 필요하다. 그것이 바로 STEPS 통장 관리 시스템이며, 절대 회계 3M 중 가운데에 위치한 Money M이다.

STEPS를 무시하면 벌어지는 흔한 일

매년 3월이면 회계사는 대표를 만나러 간다. 한 손에는 법인세 신고서를 들고서. 대표 입장에서는 회계사의 방문이 마냥 달가울 리 없다. 보나 마나 세금을 내라는 소리일 테고 또 법인세신고 수수료도 청구할 테니 말이다. 하지만 세금은 피한다고 피할 수 있는 게 아니다. 그리고 이참에 회계사가 내 회사에 대해 무슨 이야기를 할지 궁금하기도 하다. 때마침 바쁜 약속도 없어서 대표는 회계사와 미팅 약속을 잡는다. 게다가 회계사가 손수 회사까지 찾아온다고 하니 내가 큰 회사의 대표인 것 같기도 해서 약간 뿌듯한 마음까지 든다.

회계사를 만나 반갑게 인사한다. 1년 전에 봤을 때보다 얼굴이 더 좋아졌느니 하는 인사치레를 주고받고 나서 본격적으로 법인세 이야기로 들어간다. 다음은 회계사와 대표의 흔한 대화다. 아마 매년 3월이면 전국 수천 곳의 사업장에서 이와 비슷한 대화가 오갈 것이다.

박 회계사 대표님, 올해는 매출이 정말 많이 올랐더라고요.

김 대표 하하하, 주위에서 많이 도와주셔서 운이 좀 좋았습니다. (사실 잠도 안 자고 일했어요. 제 노력에 비하면 아직 반의반도 안 왔어요.)

박 회계사 정말 대단하십니다! 요즘 같은 불경기에 저희 고객들 중에 폐업하시는 분도 많은데, 대표님처럼 매출이 몇 배로 뛰는 경우는 정말 드물거든요. (최대한 대표님을 띄워드려야 이따가 법인세신고 수수료를 청구할 때 분위기가 어색하지 않겠지.)

김 대표 하하하, 아닙니다. 감사합니다. (공치사 같지만 듣기 싫진 않군. 수수료를 많이 청구하려고 그러나?)

박 회계사 (분위기도 괜찮은데 이제 세금 이야기를 본격적으로 해볼까?) 작년에는 매출액이 12억 원 정도에 당기순이익이 2억 원 조금 넘는 수준이어서 법인세가 2,000만 원 나왔었는데요. 올해는 매출액이 25억 원이나 되시더라고요. 이익률도 훨씬 더 좋아져서 당기순이익이 5억 원 정도가 됩니다. 그래서 법인세가 8,000만 원 정도 나옵니다. (대표님의 반응이 궁금한데?)

김 대표 (당황하며) 네? 8,000만 원이요?

박 회계사 네, 8,000만 원이요. (오늘도 좋게 넘어가기는 글렀구나.)

김 대표 법인세가 8,000만 원이나 나왔어요? 작년보다 2배 정도 더 늘어난 거 같은데, 세금은 왜 이렇게 많이 나왔어요? (누구를 호구로 아나!)

박 회계사 (대표라는 사람이 세법에 대해서는 하나도 모르는구나.) 아, 세율은 누진세 구조로 되어 있어서요. 당기순이익 2억 원까지는 세율이 10%지만, 2억 원이 넘어가는 부분은 세율이 20%로 적용됩니다. 그래서 작년보다 당기순이익은 2배 이상 늘었지만, 세금은 그것보다 훨씬 더 크게 느껴지는 겁니다.

김 대표 아! (무슨 말인지 이해는 되지만 이해하고 싶지 않다.)

박 회계사 ...... (세금에 이렇게 많이 놀라면 수수료는 어떻게 이야기하지?)

김 대표 흠, 8,000만 원을 언제까지 내야 하나요?

박 회계사 이달 말까지가 납부기한이니까 다음 주 월요일까지 내셔야 합니다.

김 대표 (놀라며) 네?

박 회계사 ...... (왜 이렇게 놀라지? 법인세 납부기한은 작년에도 똑같았는데...)

김 대표 나 참, 이렇게 금액이 크면 좀 더 빨리 알려주셨어야지 저희도 대비를 하죠. 꼭 그날까지 내야 하나요?

박 회계사 납부기한을 어기시면 가산세가 많이 붙기 때문에, 가급적 그날까지 납부하시기를 추천해드립니다.

김 대표 (정신을 가다듬고) 그런데 회계사님, 혹시 뭔가 잘못 계산하신 거 아니에요?

박 회계사 (놀라며) 네? 왜요? (우리 직원이 뭐 또 실수했나?)

김 대표 지금 저희 통장에 있는 돈을 다 모아도 3,000만 원이 안될 거 같은데요. 당기순이익이 5억 원이라는 게 말이 되나요? 저희 통장에 5억 원이 있었던 적도 없어요. (내가 생각해도 완벽한 논리다!)

박 회계사 아.... (오늘 회의도 길어지겠구나.)

김 대표 뭔가 잘못 계산된 거 아니에요?

박 회계사 대표님이 지금 말씀하신 것은 현금주의로 생각하신 거고요. 법인세 계산 시 적용되는 회계는 현금주의가 아닌 발생주의라는 것입니다. 예를 들어 매출이 발생하고 아직 돈을 못 받으신 경우에도 발생주의에서는 매출액으로 잡힙니다. 그래서 실제로 생각하시는 것과는 어느 정도 차이가 날 수 있습니다.

김 대표 아무리 그래도 너무 차이가 큰 거 아니에요? 도저히 이해가 안 되는데⋯. 통장에 5억 원이 없었는데 당기순이익이 5억 원이 될 수가 있나요?

박 회계사 통장을 중심으로 생각하면 안 되고요, 회계처리를 봐야 합니다. (이것까지 설명하려면 하루 종일 걸리겠는걸.)

김 대표 그래도 이렇게 많이 차이 날 수 있나요? (아, 8,000만 원은 대출이라도 해야 하나? 세금을 카드로 낼 수는 있나?)

박 회계사 이 부분은 설명이 길어질 수 있기 때문에 지금 자세히 말씀드리기는 힘들고요. 오늘은 납부서와 신고서만 우선 드리기로 하고, 다음에 또 미팅 잡아서 설명해드리도록 하겠습니다. (법인세신고 수수료는 다음에 이메일로 보내드려야겠다. 오늘 이것까지 말하다가는 난리가 나겠군.)

김 대표 네, 어쩔 수 없죠. 당장 대출부터 알아봐야겠네요. 휴!

(헤어지고 나서 30여 분 뒤 박 회계사의 전화가 걸려 온다.)

박 회계사 대표님, 제가 빠뜨린 게 있어서요. 법인세 말고 법인세의 10% 정도 되는 지방소득세라고 있거든요. 그래서 아까 말씀드린 세액 8,000만 원의 10%인 800만 원이 추가로 나옵니다. 최종적으로 8,800만 원 정도 납부하시면 될 거 같습니다.

김 대표 네? (인상을 찡그리며) 네, 할 수 없죠. 알겠습니다. (그냥 회계사를 바꿔야겠군. 이래서야 같이 일할 수 있겠나!)

이 장면을 놀랄 만큼 어디선가 본 것 같으면, 당장 은행으로 달려가 통장부터 만들어라! 복잡한 회계 공부는 그다음이다.

CHAPTER 2

Marketing M

경비를 올리지 않고 매출을 늘리는 방법을 생각해내는 사람이 경영자다.

- 이나모리 가즈오(교세라 명예회장)

매출을 2배로 늘리는 가장 쉬운 방법

세상의 모든 회계는 매출에서 시작한다. '매출이 얼마고 비용은 얼마여서 최종 이익은 이 정도 된다'라는 시나리오가 회계의 일 반적인 흐름이다.

그렇다면 회계의 첫 단추인 '매출'은 어떻게 발생하는 것인 가? 매출의 이전 단계에서는 어떤 일들이 벌어지고 있을까? 어 떤 사업은 매출이 전년 대비 수십 배 증가했다고 한다. 이유가 무엇일까? 어떤 이는 사업을 시작하고도 매출이 없어 늘 울상 이다. 그 이유는 무엇일까? 물론 제조, 도·소매, 서비스업 등 업종에 따라 매출을 만드는 형태는 다를 것이다. 하지만 매출을 발생시키는 본질적인 요소는 모든 사업이 동일하다. 매출이라는 덩어리를 잘게 쪼개 볼 수 있는 능력은 사업자의 필수 자질이다.

매출은 사업의 첫 단추

많은 대표가 큰 꿈을 안고 사업을 시작한다. 그러나 결과는 어떠한가? 통계청이 매년 발표하는 〈기업생멸행정통계〉 보고서에 따르면 신생기업 10곳 중 7곳은 5년 내에 폐업한다. 왜 이러한 일이 벌어질까? 사업이 망하는 이유는 100가지도 넘겠지만, 그중에서 오랜 기간 창업을 착실하게 준비한 사람일수록 많이 하는 대표적인 실수이자 착각이 하나 있다.

'내 사업의 제품이나 서비스가 좋으면, 고객은 저절로 찾아올 것이다!'

하지만 창업을 하고 나서 머지않아 깨닫게 된다. 아무리 제품이나 서비스가 좋아도 고객이 없으면 끝이라는 사실을. 그리고 고객은 절대로 저절로 찾아오지 않는다는 현실을 말이다. 세상에서 가장 맛있는 커피를 만들어도 고객은 결코 그냥 찾아오지 않는다. 내 입맛에는 내가 만든 커피가 스타벅스 커피보다 10배나 뛰어나더라도, 내 카페에는 파리 날리고 스타벅스에는 앉을 자리가 없다.

매출이 없으면 그 사업은 망한다. 매출을 만드는 방법을 모르고서 절대로 사업을 시작해서는 안 된다. 어떻게 하면 그 중요한 '매출'이라는 것을 만들 수 있을까? 도서관에 가면 이에 관한 책이 수백 권은 족히 있을 것이다. 그만큼 어렵기도 하고 중요하다는 뜻이 아닐까?

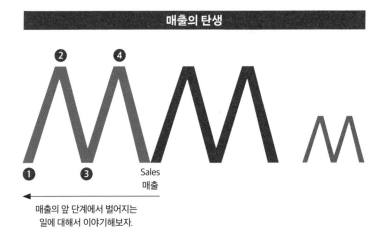

매출의 탄생

❶ ❷ ❸ ❹

Sales
매출

← 매출의 앞 단계에서 벌어지는
일에 대해서 이야기해보자.

매출을 만드는 공식

매출에 관한 일반적인 이야기는 다른 책에 맡기고, 절대 회계 3M에서는 매출의 구성 요소들을 '숫자' 측면에서 살펴보고자 한다. 이를 통해 매출이 100억 원 발생하기 위해서는 어떠한 요소들이 결합되어야 하는지를 알 수 있을 것이다. 그것이 바로 절대 회계 3M 중 가장 앞에 위치한 'Marketing M'이다. 무슨 사업이든 매출이 발생하기 위해서는 크게 네 가지 선행 단계가 필요하다. 이 중에서 하나라도 소홀히 해서는 안 된다. 이른바 매출을 만드는 공식이다.

① 매출 = 수량(Quantity) × 가격(Price)

② 수량 = 트래픽(Traffic) × 전환율(Conversion Rate)

③ 매출 = [수량(트래픽 × 전환율)] × 가격

공식이 너무 복잡해 보인다면 다음과 같이 M 위에 공식을 적어 보자. 그러면 매출이 발생하는 과정을 한눈에 알 수 있을 것이다.

매출을 한마디로 말하면 '수량과 가격의 곱'인데, 수량은 '트래픽과 전환율의 곱'이다. 따라서 매출을 증가시키려면 트래픽,

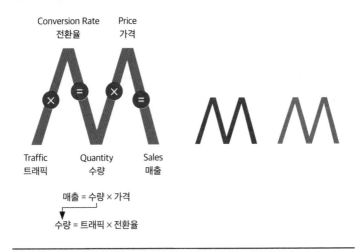

Marketing M

Conversion Rate
전환율

Price
가격

Traffic
트래픽

Quantity
수량

Sales
매출

매출 = 수량 × 가격

수량 = 트래픽 × 전환율

전환율, 수량, 가격 이 네 가지 요소 중 하나를 반드시 증가시켜야 한다. 그렇다면 이 중에서 매출을 2배로 만드는 가장 쉬운 방법은 무엇일까?

"그냥 가격을 2배로 올리면 되지 않을까? 하지만 그렇게 하면 찾아오는 손님(수량)이 확 줄어들지 않을까? 그럼 어떡하지?"

실무에서는 이처럼 트래픽, 전환율, 수량, 가격 중 한 가지를 급격히 증가시키기는 힘들다. 그렇게 할 수만 있다면 정말 좋겠지만, 모든 것이 다 공개되어 있는 현대사회에서는 자신만 그렇게 특출나기란 거의 불가능하다. 몇 달 안에 자신의 전략을 복제한 수많은 경쟁자가 출현할 것이다. 그렇다면 '매출의 증가'를 달성하기 위해 어떻게 접근하는 것이 똑똑한 방법일까? 답을 얻기 위해 영국 사이클링팀이 어떻게 세계 최고가 되었는지 살펴보도록 하자.

세계 최강 영국 사이클링

과거 100년 동안 영국 사이클링팀은 지극히 평범한 수준이었다고 한다. 하지만 데이브 브레일스퍼드(Dave Brailsford)가 새로운 감독으로 취임하고 나서 모든 것이 바뀌었다. 그는 사이클링팀에 적용할 수 있는 아주 작은 일들부터 하나씩 바꿔나갔다. 소위 '사소한 성과들의 총합'이라는 전략을 구사했다.

"사이클을 탈 때 할 수 있는 모든 일을 다 잘게 쪼개서 생각해보고, 딱 1%만 개선해보라."

그는 예전에는 신경 쓰지 않았던 부분에서 1%를 보완하고자 노력했다. 예를 들면 어떤 마사지젤이 가장 빨리 근육을 회복시키는지 하나하나 시험해봤다. 사이클 안장을 보다 편안하게 디자인하고, 타이어는 접지력을 높이기 위해 알코올로 닦았다. 외과 의사를 고용해 선수마다 가장 적합한 손 씻기 방법을 가르쳐서 감기에 걸릴 확률을 낮췄다. 또한 선수들이 어떤 매트리스를 사용했을 때 숙면하는지도 알아냈다.

그런 그가 취임한 지 5년 만에 영국팀은 압도적인 경기력을 보였다. 2008년 베이징 올림픽에서 전 종목의 60%에 해당하는 금메달을 석권했다. 4년 후 런던 올림픽에서는 9개의 올림픽 신기록과 7개의 세계기록을 갱신했다. 그리고 6년간 투르 드 프랑스(Tour de France, 매년 7월 프랑스에서 개최하는 세계 최고 권위의 일주 사이클 대회)에서 5번 우승했다.

이 이야기는 2018년 뉴욕타임스 '올해의 책'으로 선정된 『Atomic Habits』라는 책의 앞부분에 나오는 내용이다. 국내에는 『아주 작은 습관의 힘』(제임스 클리어)이라는 이름으로 번역되어 있다. '사소한 습관'의 개선이 가져오는 '위대한 결과'에 대한 통찰력이 돋보이는 책이다.

사이클링의 과정을 잘게 쪼개보고 그 조각조각에서 개선점을 찾으면, 그것이 복리효과를 일으켜 어마어마한 결과물을 만들어내는 이 만화 같은 이야기에서 무언가 느끼는 점이 없는가? 이 방식을 매출의 탄생 과정에도 그대로 적용해보면 어떨까?

조금씩 개선하면 매출이 2배

다시 한번 복습하면, 매출은 트래픽, 전환율, 수량, 가격 이렇게 네 가지 요소로 구성된다. '매출을 2배로 올려야지' 하고 마음먹으면 너무 막연한 느낌이 들 때가 많다. 어디부터 어떻게 건드려야 할지 막막하다. 그럴수록 매출을 2배로 늘린다고 생각하지 말고 아래와 같이 접근해보자.

> Q1. 트래픽을 20% 늘리기 위한 방법에는 무엇이 있을까?
>
> Q2. 전환율을 20% 늘리기 위한 방법에는 무엇이 있을까?
>
> Q3. 수량을 20% 늘리기 위한 방법에는 무엇이 있을까?
>
> Q4. 가격을 20% 늘리기 위한 방법에는 무엇이 있을까?

트래픽, 전환율, 수량, 가격 각각을 20% 증가시킨다면 매출액은 몇 배 늘어날까? 20%가 4개이므로 80% 정도 증가할까? 그렇지 않다. 네 가지 요소의 개선 효과가 복리로 작용한다면 매출의 증가율은 다음 수식과 같다.

$$1.2 \times 1.2 \times 1.2 \times 1.2 = 2.0736$$

2배도 넘는다! 매출을 2배로 만드는 가장 쉬운 방법은 트래픽, 전환율, 수량, 가격 모두를 20%씩 증가시키는 것이다. 그러면 매출은 저절로 2배가 된다. 물론 실무에서는 이렇게 수식으로 정확하게 계산하기가 어려울 것이다. 하지만 매출이 줄었다고 한숨부터 쉬지 말고, 편안한 소파에 누워서 '트래픽, 전환율, 수량, 가격' 이 네 가지를 하나씩 떠올려봐라. 그리고 그것들을 늘리기 위해 조금이라도 개선할 부분은 없는지, 무심코 놓치고 있었던 것은 없는지 확인해라. 의외로 20%는 쉽게 달성할 수 있다. 단 10%라도 어딘가? 심지어 영국 사이클링 대표팀처럼 1%부터 개선을 시작해보면 어떨까?

트래픽: 고객이 줄 서는 사업의 비밀

인터넷 마케팅에서는 흔히 "검색되지 않으면 존재하지 않는다" 라고 말한다. 자신이 세상에서 제일 맛있는 커피를 만든다고 하더라도, 자신이 요리한 김치찌개는 둘이 먹다가 하나가 없어져도 모를 만큼 맛있다고 할지라도, 자신이 부동산 양도소득세의 절세법에 대해서는 그 누구보다 자신 있는 세무사라고 할지라도, 자신이 유명한 종합병원에서 백내장 수술 실력만큼은 최고라고 칭찬받던 개업 의사라고 할지라도 정작 고객이 이 사실을 몰라주면, 매출은 단 1원도 발생하지 않는다.

누군가가 필요할 때 찾으면 눈에 띄어야 한다. 검색이 되어야 비로소 그 사업의 존재 가치가 생긴다. 커피 맛은 별 차이가 없는데도 불구하고 어떤 가게는 고객이 아침부터 줄을 서고, 어떤 가게는 하루 종일 고객이 1명도 찾아오지 않는다. 이 두 가게의 근본적인 차이점은 무엇일까? 어떻게 해야 내 사업도 고객을 줄 세울 수 있을까?

많이 모으고 잘 설득하고

Marketing M의 처음 두 꼭짓점은 바로 트래픽과 전환율이다. 가끔씩 어떤 분들은 트래픽과 전환율이 온라인 사업에만 적용되는 용어라고 생각한다. 물론 두 용어가 온라인 사업에서 더 통용되는 것은 사실이다. 가장 흔한 예로 홈페이지에 접속하는 방문자수가 대표적인 트래픽 지표다. 그리고 방문한 사람 중에 상담 신청을 한 사람의 비율이 바로 전환율의 예다.

그러나 이와 동일한 두 개념을 오프라인 사업에도 그대로 적용할 수 있다. 예를 들어 여성복 매장이 있다고 가정할 때 하루 중 매장을 방문하는 손님의 수가 트래픽이 될 것이고, 방문한 손

Marketing M의 트래픽

Conversion Rate
전환율

Price
가격

Traffic
트래픽

Quantity
수량

Sales
매출

님 중 실제로 옷을 구매한 사람의 비율이 바로 전환율이 될 것이다. 이처럼 트래픽과 전환율의 형태는 조금씩 다를 수 있어도, 온라인과 오프라인 어느 업종에나 동일하게 적용된다.

어떠한 사업이든 간에 매출을 발생시키기 위해서는 반드시 고객들을 모아야 하고(트래픽), 그들이 물건이나 서비스를 구매하도록 유도해야 한다(전환).

따라서 사업의 매출 증대를 위해서는 어떻게 고객을 모으고, 모은 고객을 어떻게 구매로 이끌지 전략이 있어야 한다. 이 모든 행위를 경영학에서는 '마케팅'이라고 부른다. 아무리 자신의 물건이나 서비스가 좋아도, 마케팅 전략이 없으면 매출이 증가하는 속도는 더딜 것이다. 보통은 그 기간을 버티지 못하고 폐업하는 경우가 대부분이다.

회계를 다루는 책에서 왜 마케팅을 다루느냐고 반문할지도 모르겠다. 물론 마케팅의 깊은 지식을 다루고자 하는 것을 절대 아니다. 하지만 실무에서 대부분 마케팅과 회계를 따로 다루는 문제로 인해 쓸데없이 많은 부작용이 발생한다.

"저는 영업맨 출신이라 회계는 잘 몰라요."

아주 많은 대표가 입버릇처럼 하는 말이다. 이런 대표 중에 구멍가게 수준을 넘어 사업을 키우는 경우를 거의 보지 못했다. 사업에서 마케팅과 회계는 반드시 '연결'해 다뤄야 한다. 이미 많은 스타트업의 CFO는 CEO와의 미팅을 준비할 때 최대한 많은 마케팅 수치를 준비한다. 하루하루 생존이 걸려 있는 스타트업 업계에서 한가하게 세금이니 경비니 하고 있을 시간이 없기 때문이다. 지금 코앞이 전쟁터인데 매출을 발생시키는 마케팅에 무관심한 회계가 과연 경영자에게 어떤 통찰력을 줄 수 있을까? 따라서 마케팅과 회계를 모두 연결한 '숫자경영'이라는 개념으로 자신의 사업을 바라보면 모든 것이 더욱 명확해질 것이다.

이번 장에서는 '트래픽'에 대해 중점적으로 살펴보고, 다음 장에서 전환율에 대해 이어서 알아보도록 하겠다.

존재하지 않는 세무사무소

어느 날 후배 세무사가 사무실을 방문해 영업이 너무 안된다고 하소연했다. 그래서 필자의 책상 옆에 앉아보라고 이야기하고는 같이 한번 살펴봤다.

> **박 회계사** 지금 네 사업장의 위치가 춘천이잖아.
>
> **홍 세무사** 네.
>
> **박 회계사** 그럼 내가 춘천에서 처음 식당을 연 사장이라고 가정해 볼게.
>
> **홍 세무사** 네…. (이 형님, 뭐 하는 거지?)
>
> **박 회계사** 내가 어떻게 세무사를 찾을까?
>
> **홍 세무사** 그냥 주위에 물어보지 않을까요?
>
> **박 회계사** 내가 춘천에 아는 사람이 거의 없다면?
>
> **홍 세무사** 그럼 네이버나 구글에서 검색하겠죠?
>
> **박 회계사** 그렇지. 그럼 이제부터 네이버에 검색해보자.
>
> **홍 세무사** ……
>
> **박 회계사** 일단 '춘천 세무사', '춘천 세무사무소' 정도로 검색하지 않 을까?
>
> **홍 세무사** 그렇겠죠.

박 회계사 그럼 검색창에 '춘천 세무사'를 넣어보자.

홍 세무사 ……

박 회계사 이제 여기서 널 찾으려면 어떻게 해야 하지?

홍 세무사 음, 그러게요….

박 회계사 지금 1페이지에는 안 보이고, 2페이지에도 없고… 고객이 3페이지까지 갈까?

홍 세무사 아니요.

박 회계사 이렇게 너를 일부러 찾고 싶어도 못 찾는데, 영업이 될 수 있을까?

홍 세무사 아이고, 일단 지도 등록이라도 해봐야겠네요.

사업을 시작하고 고객이 오지 않으면 그 사업은 끝이다. 고객의 방문은 공기와도 같아서 모든 사업에서 없어서는 안 되는 필수재다. 없으면 죽는다. 가게를 열고 멍하니 창밖을 바라본 경험이 있는 사장들은 이해할 것이다. 고객 1명이 가게의 문턱을 넘어오는 일이 얼마나 감사하고 소중한지를.

그렇다면 고객을 불러 모으는 방법에는 무엇이 있을까? 생각나는 대로 나열해보면 다음과 같다.

① 전단지(최근에는 거의 없어졌다.)

② 영업전화(지금도 꽤 많이 오는 광고전화를 보면 여전히 효과가 쏠쏠한 것 같다.)

③ TV, 라디오, 신문(라디오 광고는 아직도 가성비가 좋다고 한다.)

④ SNS(오래된 온라인 마케팅 전략이다.)

⑤ 동영상 플랫폼(대세가 된 지도 이미 여러 해가 지났다.)

⑥ 검색광고(클릭당 과금하는 광고 방식이다.)

⑦ 검색엔진 최적화(구글, 네이버 등에 자신의 글이 상위에 검색되도록 세팅하는 마케팅 전략이다.)

⑧ 영업팀(차량 혹은 보험 판매와 같은 고가의 영업인 경우 사람이 대면하는 마케팅 전략이다.)

⑨ 입소문(기존 고객이 주위에 추천해주는 경우다.)

⑩ 설명회(대표적인 예가 수능이 끝나면 어김없이 열리는 대치동 학원의 대입설명회다.)

⑪ 박람회(컨벤션 센터에서 부스를 하나 차지해 예비 고객들에게 회사의 제품을 설명하는 기회를 가진다.)

⑫ 대표의 명성, 인지도(대표가 직접 방송에 출연하는 마케팅 전략이다.)

더 열거하자면 아마도 끝이 없을 것이다. 과거부터 현재까지도 많이 쓰이는 전략 12가지를 예로 들었을 뿐이다. 대부분의 대표는 12가지 전략 중 한두 가지 또는 그 이상을 복수로 사용할 것이다. 만약 이 중 한 가지라도 사용하지 않는다면, 그 회사는 지금 매출이 거의 발생하지 않는 상태일 확률이 크거나, 남들은 절대로 따라 할 수 없는 나만의 독점 사업을 하고 있을 확률이 크다.

마법 피리는 없다

가끔 고객을 불러 모을 수 있는 특단의 방법이 있을 것으로 생각하는 대표들이 있다. 하지만 그런 방법은 없다. 더 중요하게는 그런 방법이 있다고 하더라도 당신은 알아낼 수 없다. 왜냐하면 그것은 절대로 알려줄 수 없는 영업비밀일 것이기 때문에, 적당한 노력으로는 도저히 알아낼 수 없을 것이다. 따라서 트래픽을 쉽게 일으킬 수 있는 마법 피리는 이 세상에 존재하지 않는다. 그러나 트래픽을 일으킬 수 있는 '법칙'은 있다. 다음의 방법을 순서대로만 행하면 된다.

① 앞선 트래픽 전략 12가지 중 자신의 사업에 맞는 한 가지를 사용한다.

② 일정 시간 후 사용 효과를 측정한다.

③ 사용 효과가 있다면 유지하고, 사용 효과가 없다면 버린다.

④ ①~③을 반복한다.

이렇게만 한다면 일정 기간이 흐른 다음에는 내 사업에 맞는 트래픽 전략을 최소한 3~4개는 가질 수 있을 것이다. 그리고 그 3~4개 전략을 꾸준히 사용하면 된다. 꾸준함만큼 강력한 것은 없다.

한때 필자의 블로그가 세무회계 블로그 중 상위 노출 1~2위를 다퉜던 적이 있다. 많은 선후배가 그 방법을 물어오곤 했는데, 그에 대한 답법은 늘 한결같았다.

"꾸준히 쓰면 돼요!"

그럼 대부분의 반응은 좀 숨기지 말고 비법을 알려달라는 표정이었다. 그런데 정말 비법이란 존재하지 않는다. 그래서 달리 설명해줄 방법이 없다. 필자가 고품질의 블로그를 키운 방법은 그저 다음과 같다.

① 블로그에 꾸준히 글을 적어봤다.

② 세 달 정도 지나니까 블로그를 보고 찾아오는 고객이 생겼다.

③ 그래서 지속해서 글을 작성했다.

④ 이것 말고도 효과가 있는 다른 전략을 찾아서 계속 추가했다.

이게 필자의 트래픽 전략이다. 보잘것없는가? 하지만 정말 소중한 방법이다.

전환율:
결국 사야지 고객이다

편의점에 가면 물을 파는 코너가 있다. 많은 종류의 물을 마셔보면, 다 맛이 비슷비슷한 것 같지만 가격은 미묘하게 차이가 있다. 물론 가격이 같은 물도 여럿 있다. 설명의 편의를 위해 가격이 같은 물만 생각해보자. 이 중에서 하나를 선택해야 한다면 당신은 어떤 물을 선택하겠는가? 그 물을 고르는 이유는 무엇인가?

내가 물 사업을 하는 대표라면 조금이라도 더 많은 고객이 내 물을 선택하도록 하기 위해 무엇을 해야 할까? 그들은 이미 편의점에 들어와서 물 코너에 서 있다. 이들이 내가 판매하는 제

Marketing M의 전환율

Conversion Rate
전환율

Price
가격

Traffic
트래픽

Quantity
수량

Sales
매출

품을 잡도록 만들어야 하는 긴장되고 짜릿한 순간이다. 과연 어떻게 해야 할까? 이번 장은 그에 대한 이야기다.

잠재고객 vs. 가망고객 vs. 신규고객

예시를 들어보겠다. N사의 검색광고비로 수백만 원을 집행했다. 그래도 모자랄까 봐 G사의 광고에도 추가로 투자했다. 홈페이지도 3,000만 원을 주고 모바일에서 반응형으로 완벽하게 작동하도록 세팅했다. 아이템은 검증된 것이다. 이미 동일 아이템으로 돈 버는 사람이 제법 있다. 애널리틱스 보고서를 보니 홈페이지 방문자수가 예상보다 훨씬 많다. 광고 효과가 있나 보다. 하지만 매출이 발생하지 않는다.

왜 이런 일이 발생할까? 자신의 매장 혹은 웹사이트에 방문하는 고객의 수(트래픽)는 나쁘지 않은데, 매출이 발생하지 않아서 환장해본 경험이 있는가? 이는 전환율이 낮기 때문이다.

- 매장에 들어와서 대충 둘러보다가 가격만 묻고 나가버리는 고객
- 매장에 들어와서 가격조차 확인하지 않는 고객
- 웹사이트의 첫 페이지만 보고 이탈하는 고객
- 웹사이트를 구석구석 확인하고도 아무런 문의를 남기지 않는 고객

모두 트래픽은 일어났는데 전환이 안 된 사례다. 이 경우에는 반드시 전환율을 개선해야 한다. 그러지 않으면 결국 매출은 발생하지 않는다. 다음 공식에서 확인할 수 있듯이, 수량은 트래픽과 전환율의 곱이기 때문에 트래픽이 수백만이더라도 전환율이 0이면 수량은 0이 될 수밖에 없다. 결국은 매출도 0이 된다.

$$수량 = 트래픽 \times 전환율$$

하지만 많은 대표가 트래픽과 전환율을 구분하지 않는다. 가장 흔한 실수가 매출이 떨어지면 바로 검색광고의 순위를 더 높이는 방식으로 광고비를 추가 집행하는 것이다. 그러면 트래픽은 더 발생하겠지만, 어차피 전환이 안 되기 때문에 매출에 큰 도움이 안 된다. 전형적인 '밑 빠진 독에 물 붓기' 전략이다. 물론 실무에서 트래픽과 전환율을 칼같이 구분하기 어려운 영역도 존재한다. 그러나 마케팅 전략을 세울 때는 반드시 이 두 개념을 구분해야 한다. 자신이 지금 개선하고 싶은 것이 트래픽의 영역인지 전환율의 영역인지 꼭 구분해야만 불필요한 시행착오를 줄일 수 있다.

복습 차원에서 약간의 마케팅 이론을 설명하겠다. 마케팅에서 고객은 잠재고객, 가망고객, 신규고객으로 구분된다. 이 책에서 잠재고객과 가망고객을 이론적으로 나누는 것은 무의미하다. 강조하고 싶은 점은 잠재고객과 가망고객을 반드시 신규고객으로 전환해야 한다는 것이다. 어떤 고객이 가게의 문턱을 넘고, 홈페이지에 접속했다는 사실은 그 고객은 이미 잠재고객 혹은 가망고객이 되었다는 뜻이다. 따라서 이들을 신규고객으로 바꿀 수 있는 마케팅 전략이 반드시 필요하다.

출처: 모비인사이드

당신의 홈페이지는 전환이 되나요?

해외의 마케팅 대행사 중 홈페이지 리뷰 서비스를 제공하는 곳이 많다. 회사가 만들어놓은 홈페이지를 살펴보고 개선할 점을 알려주는 것이다. 그들이 주로 지적하는 핵심적인 공통 사항을 소개하겠다.

① 회사의 브랜드를 상징하는 로고가 있는가?

② 방문자를 단번에 사로잡는 킬러 문구가 있는가?

③ 사업의 차별성을 소개하고 있는가?

④ 마케팅 문구가 간결한가?

⑤ 방문자의 행동을 유도하는 버튼이 있는가?

⑥ 방문자에게 신뢰를 주는 고객 후기가 있는가?

⑦ 방문자에게 당장 도움이 될 만한 자료가 준비되어 있는가?

⑧ 홈페이지가 여러 기기에서 잘 보이는가?

⑨ 홈페이지의 구성과 디자인을 꾸준히 수정 및 업그레이드하고 있는가?

⑩ 수준 높은 콘텐츠를 정기적으로 업데이트하고 있는가?

⑪ 업데이트하는 콘텐츠를 고객에게 자동으로 전달할 수 있는 메일링 시스템을 갖췄는가?

⑫ 다른 SNS를 활용해 홈페이지로 고객을 유도하는가?

⑬ 홈페이지가 검색엔진에 잘 노출되는가?

이분법적으로 완벽하게 구분할 수는 없지만, ①~⑩이 전환율에 대한 내용이고 ⑪~⑬이 트래픽에 대한 내용이다. 이처럼 홈페이지를 만들고 나면 트래픽도 중요하지만, 전환율 또한 매우 신경 써야 함을 알 수 있다. 이제 당신의 사업 홈페이지에 들어가 차분하게 앞의 13가지 사항을 하나씩 점검하라. 의외로 매우 중요한 한두 가지를 놓치고 있는 경우가 많다. 그것만 개선해도 매출은 금방 늘 수 있다. 그리고 혹시 사업용 홈페이지가 없다면 당장 만들어라. 이것은 마케팅의 기본이다.

전환율 개선 작업이 매력적인 이유는 크게 원가(비용)가 들지 않는다는 점이다. 트래픽을 증가시키는 데는 생각보다 많은 돈이 나간다. 각종 광고 비용을 생각해봐라. 하지만 전환율 증가 작업에는 큰돈이 나갈 게 없다. 꾸준한 관심과 연구가 답이다. 포기하지 않는 '집요함'만 있으면 누구나 개선할 수 있고, 적은 원가로 매출을 증가시킬 수 있기 때문에 결국 이익률 개선에 크게 기여할 수 있다. 포기하지 않는 집요함이 중요하다.

이전에 가입하고 지금은 후회 중인 보험 상품이 있다면 그건 누구 때문인가? 집요함으로 무장한 보험 컨설턴트의 얼굴이 떠오르지 않는가? 그들을 비난할 게 아니라 그들이 어떻게 당신과 계약하는 데 성공했는지를 생각해보면, 내 사업의 전환율을 높이기 위해 얼마나 많은 노력이 필요한지 깨달을 수 있을 것이다.

매출 만능주의에서 벗어나자

대표들을 만나서 자주 하는 질문이 하나 있다.

"대표님의 사업에서 제일 중요한 숫자 하나만 꼽는다면 뭘 선택하시겠어요?"

많은 경우 '매출액'이라고 답한다. 틀린 답변은 아니다. 그러나 이는 좋은 대학에 가려면 수능 점수가 가장 중요하다고 답하는 것과 비슷하다. 너무 당연해서 큰 인사이트를 얻을 수 없다는 뜻이다. 따라서 수능 점수를 올리기 위해서는 어떤 노력을 해야 하는지가 중요하다. 즉 매출을 늘리고 싶다면 먼저 앞 단계에서 무슨 일을 해야 하는지 살펴야 한다는 것이다. 그러면 아름다운 매출 성과는 자연스럽게 따라온다. 원하는 대학에 편하게 입학할 수 있다.

앞 장과 이번 장에서는 트래픽과 전환율에 대해 살펴봤다. 대표라면 평소에 이 두 가지 숫자를 항상 챙겨야 한다. 필자의 고객 중 한 대표는 매일 아침 9시에 홈페이지 방문자수를 확인한다. 구글 애널리틱스 보고서가 슬랙 메신저로 자동으로 전달되도록 필자가 설정을 도와줬다. 그렇게 몇 달간을 확인하다 보니 대표는 홈페이지 방문자수와 매출액이 일정 부분 비례관계가 있다는 사실을 발견했다.

"매일 방문자수가 100명 정도 되니까 월 매출액이 5,000만 원이 넘어가더라고요."

이 대표는 매출액은 한 주에 한 번 또는 그것도 잊어버리면 한 달에 한 번 확인하기도 한다. 하지만 어제와 최근 일주일간 그리고 최근 28일간 홈페이지 방문자수 등은 하루도 빠지지 않고 매일 확인한다. 아주 간단하지만 아주 강력한 '숫자경영' 습관이다.

매출은 최후의 결과물이다. 먼저 트래픽과 전환율을 챙겨라!

수량:
고객을 늘리는 세 가지 전략

지금까지 정리했던 매출 공식을 다시 한번 더 살펴보자.

① 매출 = 수량 × 가격

② 수량 = 트래픽 × 전환율

③ 매출 = [수량(트래픽 × 전환율)] × 가격

이 공식에서는 트래픽과 전환율의 곱이 수량이라고 표현했다. 즉 매출의 수량은 트래픽과 전환율이 정해지면 자연스럽게

결정되는 것이다. 하지만 관점을 조금만 달리해보자. '수량' 그 자체를 바로 증가시키는 방법은 없을까? 이번 장에서는 수량을 바로 올리는 가장 쉬운 세 가지 전략을 소개하고자 한다. 이 세 가지 전략을 지속적으로 실천한다면, 고객이 없어 사업이 망하는 일은 없을 것이다. 오히려 고객이 끝도 없이 몰려올 수 있다.

전략 1: 고객의 입소문

1명의 고객으로 시작해서 10년 만에 고객을 1,000명 넘게 만드는 가장 쉬운 방법이 무엇일까? 그것은 바로 기존의 고객 1명이 1년에 딱 1명의 고객을 더 데리고 오면 된다. 기존 고객에게 1년에 딱 고객 1명만 더 소개받을 수 있다면, 도저히 불가능해 보이던 1,000명의 고객 만들기도 가능하다. '1년에 딱 1명만 더!'라는 단순한 전략이 실제로 어떤 결과를 만들어낼까?

- 현재: 1명
- 1년 뒤: 1 × 2 = 2명
- 2년 뒤: 2 × 2 = 4명
- 3년 뒤: 4 × 2 = 8명
- 4년 뒤: 8 × 2 = 16명
- 5년 뒤: 16 × 2 = 32명
- 6년 뒤: 32 × 2 = 64명
- 7년 뒤: 64 × 2 = 128명
- 8년 뒤: 128 × 2 = 256명
- 9년 뒤: 256 × 2 = 512명
- 10년 뒤: 512 × 2 = 1,024명

이처럼 고객 소개의 힘은 막강하다. 물론 실제로 이렇게 고객의 수가 딱딱 맞아떨어지지는 않겠지만, 꾸준한 소개의 위력은 바로 이해될 것이다. 가끔씩 절대로 망할 것 같지 않은 사업들이 있다. 그런 사업들은 대부분 이와 같은 길을 걸었다. 바로 1명의 고객이 감동해서 주위의 다른 고객들을 몰고 오는 선순환 과정. 이런 선순환 과정에 올라타면, 그 사업은 급격히 성장하게 되고 후퇴가 없이 전진할 수 있다. 고객이 고객을 데려오는데 더 이상 무슨 설명이 필요할까?

마케팅에서 입소문은 가장 강력한 전략 중 하나다. 그 이유는 크게 세 가지다.

첫 번째, 복리효과가 있다

앞에서 살펴보았듯이 구르는 눈덩이가 커지는 것처럼 고객이 늘어나기 때문에, 특정 임계점을 지나면 고객의 증가는 가히 폭발적이다. 필자의 고향에 있는 한 신경과 병원에는 새벽 5시부터 줄을 선다. 하루에 받는 신규 외래환자수를 한정해놓아서 치료를 받으려면 새벽부터 줄을 서야 하고, 줄을 대신 서주는 전문 알바까지 등장했다. 이런 병원들은 하나같이 입소문이라는 눈덩이 효과로 성장했다. 처음 환자가 그다음 환자를 몰고 오는 복리효과가 작용한 것이다.

복리효과는 선뜻 이해하기 어려울 정도로 효과가 크다. 2를 10번만 곱하면 1,000이 넘는다는 사실은 인간의 직관으로는 잘 이해되지 않지만 엄연한 사실이다. 그래서 아인슈타인은 복리야 말로 인간의 가장 위대한 발명이라고 하지 않았던가. 바로 이것이 입소문이 가진 엄청난 마케팅 효과다.

두 번째, 소개로 오는 고객은 우량 고객이다

필자의 고객 중 결혼식 예복 매장을 운영하는 사장님이 있다. 매장에는 주로 주말에 고객이 몰리는데, 고객이 방문해서 이것저것 옷을 입어만 보고 구매는 하지 않고 그냥 나가버리는 경우가 있다. 만약 이런 일이 반복되면 매출에 바로 타격이 생긴다.

반대로 고객의 방문이 거의 100% 구매로 이어지는 경우가 있다. 바로 기존 고객의 소개로 왔을 때다. 기존에 만족했던 고객이 친구나 가족에게 소개해 그들이 방문하는 경우에는, 이미 그 매장에 대해서 충분한 호감을 가지고 오기 때문에 특별히 변수가 없는 한 결제를 한다. 이렇게 입소문으로 오는 고객은 영업하기가 훨씬 쉽다. 난이도가 반의반도 안 되기 때문에 안정적인 매출에 필수적이다.

세 번째, 공짜다

N사나 G사의 검색광고를 집행해본 적이 있는가? 고객이 자신의 사업 관련 키워드를 검색하면, 기존에 책정해놓은 광고 예산에 따라 노출 순위가 정해진다. 만약 잠재고객이 클릭한다면 그만큼 비용이 발생하는 구조다. 아침에 경쟁이 치열한 몇 개의 키워드를 광고로 등록해두고 10만 원을 충전해놓으면, 소리 소문도 없이 눈이 녹듯 그 돈은 사라진다. 이런 검색광고에 연간 적게는 수백만 원, 많게는 수억 원을 쓰는 경우도 허다하다. 많은 이가 그렇게 많은 금액을 거기에 투자한다는 것은 그만큼 효과가 있기 때문일 것이다.

이에 비해 입소문은 어떠한가? 입소문의 마케팅 비용은 0이다. 단 한 푼도 들지 않는다. 만족한 기존 고객이 새로운 고객을 알아서 데려오기 때문에, 대표의 입장에서는 광고 효율이 가히 무한대에 가까운 필수 전략이다.

이 정도 강조했으면 입소문의 중요성은 충분히 전달되었을 거라고 생각한다. 그렇다면 이제 어떻게 고객의 입소문을 일으켜야 하는지 살펴보자. 내가 사업을 잘해서, 고객이 감동을 받아서 소개해준다면야 얼마나 좋을까마는 그런 아름다운 일은 쉽게 일어나지 않는다. 사업 운영에 최선을 다하고 고객의 소개가 저절로 일어날 것을 기대한다면, 감 농사를 열심히 짓고 나서 열매가 입으로 저절로 떨어지기를 기다리는 모습과 다르지 않다. 따라서 입소문을 만들 수 있는 시스템을 갖춰야 한다. 진인사대천명(盡人事待天命, 인간으로서 해야 할 일을 다하고 나서 하늘의 명을 기다린다)으로는 결코 고객을 빠르게 늘릴 수 없다.

입소문 시스템의 형태는 업종마다 다를 수 있다. 무엇보다 중요한 것은 입소문의 중요성을 뼈저리게 인식하고 그것을 일으킬 수 있는 시스템을 만드는 것이다. 그 과정에서 수많은 시행착오가 있을 것이다. 하지만 꾸준히 테스트를 하다 보면 찾아오는 고객이 점점 더 늘어나는 것을 직감할 수 있을 것이다.

여기서는 필자가 회계법인 영업에 사용하는 세 가지 방법을 소개하겠다. 이는 참조만 하고 각자의 상황에 맞는 새로운 전략을 시도하길 바란다.

첫 번째, 연합체를 만든다

필자는 회계사지만 변호사와 노무사 등의 다른 전문가를 소개해 달라는 요청을 많이 받았다. 그래서 필자는 시행착오 끝에 필자와 업무상 궁합이 잘 맞는 변호사, 변리사, 노무사를 찾아 연합체를 만들 수 있었고, 이 4명은 서로서로를 소개해준다. 이렇게 서로의 업무 영역을 침범하지 않으면서 저절로 영업이 되는 시너지 효과를 만들 수 있다.

이는 전문가의 영역뿐만 아니라 여러 업종으로 확대가 가능하다고 생각한다. 실제로 필자의 고객 중 의상 대여, 미용·화장, 사진 촬영 이렇게 3개의 업종이 연합체를 이뤄 대박이 난 경우도 봤다. 자신의 사업에 이런 연합체를 만들 수 없을지 고민해보자. 동업 아닌 동업 같은 효과가 있을 것이다.

두 번째, 수시로 고객 후기를 받는다

오랜 컨설팅 끝에 큰 금액이 절세되었을 때 고객은 감동한다. 경리 직원의 갑작스러운 퇴사로 발을 동동 구르던 대표에게 아웃소싱 서비스를 제공해 아무런 문제가 없도록 도와주면 고마워서 어쩔 줄을 모른다. 재고자산이 정리가 안 되어 늘 관리가 엉망인 회사에 최신 ERP(Enterprise Resource Planning, 전사적 자원관리 시스템)를 구축해주고, 직원들에게 관련 교육까지 완료해주면 고객들은 회계법인을 업고 다니려고 한다. 이때 정중하게 솔직한 고객 후기 작성을 부탁한다. 관계가 아주 친밀하거나 고객의 감동이 충분한 수준이라고 판단되면 동영상 후기 녹화도 요청한다.

이렇게 해서 수집한 고객 후기는 다음 영업에서 어마어마한 무기가 된다. 만약 오프라인 영업점을 가지고 있는데 포털사이트에 아무런 후기가 없다면 필자는 사장의 직무태만이라고 본다. 내 서비스에 만족한 고객들에게 정중히 후기 작성을 요청해보자. 생각보다 흔쾌히 들어준다.

세 번째, 소개를 계약에 강제한다

필자는 계약 시 수임료의 일정액을 할인해주거나 무료로 어떤 업무를 더해주는 경우 계약서에 추가하는 문구가 있다. 바로 회계법인의 서비스에 만족했을 때 세 달 뒤에 새로운 고객을 1명 소개해달라는 요청이다. 아예 계약서에 해당 내용을 기입한다. 이는 보험사의 영업에서 힌트를 얻어서 추가한 시스템이다. 예전에 국내 유명 보험사의 FC에게 상담을 받은 적이 있다. 그가 상담 말미에 필자에게 요구한 것이 하나 있었다. "제 상담이 마음에 든다면, 지인 중에 이 상담이 똑같이 도움 될 것 같은 3명만 여기에 이름하고 연락처를 적어주세요." 성심성의껏 일하는 FC를 보며 기꺼이 3명을 추천해준 기억이 난다. 이렇게 마지막에 새로운 3명의 정보를 요구하는 것이 그 보험사의 '고객 소개'를 받아내는 전략이다.

필자가 직접 쓰는 방법은 아니지만, 요즘 스타트업 사이에서 유행하고 있는 입소문 전략이 있어 하나 더 소개하겠다. 이 전략은 공짜는 아니지만 매우 강력한 방법이다. 해외에서는 이미 일반화된 전략 중 제휴 마케팅(affiliate marketing)이라는 것이다. 고객이 자신의 제품과 서비스를 주위에 추천하면 약속된 만큼 고객에게 수수료를 주는 방식이다. 물론 수수료를 노리고 만족하지 않은 제품을 마구 추천하는 부작용도 없지는 않으나, 많은 경우 진정으로 소개하고 합당한 수준의 수수료를 주고받는다. 특히 온라인 플랫폼 서비스처럼 고정비는 정해져 있고, 고객 증가에 따른 추가 변동비가 작을 경우 이 전략이 매우 효과적이다. 해외에서는 이 전략을 사용해 추가 투자도 받지 않고 회사를 빠르게 성장시킨 스타트업이 많다.

다시 한번 강조하지만, 입소문은 사업의 성공과 실패를 가르는 가장 중요한 요소 중 하나다. 이 중요성에 공감했으면 오늘 당장 내 사업에 맞는 '입소문 시스템'을 갖추자. 현재 이것이 없다면 지금 바로 만들어야 한다. 사업을 성장시킬 수 있는 가장 쉽고 빠른 방법을 그냥 쓰레기통에 버리는 것과 다름없다. 많으면 많을수록 좋으니 하나가 성공했으면 또 새로운 전략을 지속적으로 시도해라.

전략 2: 고객의 재방문

필자의 아파트 상가에 정말 사업을 잘하는 반찬 가게가 하나 있다. 조금 떨어진 곳의 다른 반찬 가게에는 늘 손님이 없지만, 이 반찬 가게에는 반찬이 없다. 조금만 늦게 가도 반찬이 다 팔리고 없다. 사실 사서 먹어보면 두 반찬 가게의 실력 차이는 미미하다. 이 반찬은 여기가 맛있고, 저 반찬은 저기가 맛있을 정도로 요리 실력은 막상막하다.

그렇다면 이 둘의 가장 큰 차이는 무엇일까? 그것은 바로 손님을 다시 부르는 능력이다. 장사가 잘되는 반찬 가게를 처음 방문하면, 직원이 서비스 반찬을 선물하며 해당 가게의 카카오톡 채널에 가입시킨다. 그러면 그다음 날부터 맛있는 반찬을 준비하는 과정이 담긴 사진과 그날 준비된 반찬의 목록이 매일 카카오톡으로 온다. 그 메시지를 보고 평소에 먹고 싶었던 어묵볶음을 사러 가면, 나도 모르게 이것저것 다른 반찬도 사게 된다. 이미 이 가게는 카카오톡 채널에 가입시킨 고객의 수만 수백 명이된다.

반면 장사가 안되는 반찬 가게는 고객의 재방문을 유도할 아무런 전략이 없다. 그냥 그날 만든 반찬을 예쁘게 진열해놓고 지나가는 사람들 중에서 많이 사 가기를 바랄 뿐이다.

이 두 가게의 매출 차이가 어마어마하다는 사실은 굳이 매출 장부를 보지 않아도 알 수 있지 않을까? 한 번 방문했던 손님을 재방문하게 만드는 전략은 사업에 필수적이다. 고객을 자신의 사업에 묶어놓을 수 있어야만 마케팅에 들어가는 비용을 급격히 줄일 수 있고, 사업을 안정적으로 키워나갈 수 있다.

현재 많은 사업의 형태가 구독형 모델로 변하고 있다. 예전에는 소프트웨어를 한 번에 목돈을 받고 팔았다면, 요즘에는 매월 이용료를 청구하는 경우가 많다. 구독형 사업 모델을 가지고 있는 사업들이 기업공개(IPO)와 상장을 하며 수천억 또는 수조 원의 기업가치로 평가받는 이유가 무엇일까? 그것은 바로 고객을 끊임없이 재방문시킬 수 있는 토대가 있기 때문이다.

'내가 정말 멋진 물건을 만들거나 대한민국 최고의 서비스를 제공한다면 단골고객은 저절로 생기겠지?' 정도의 안이한 생각으로는 성공하기 어렵다. 고객을 묶어두고 다시 불러들일 수 있는 사업 모델을 구축하기 위해 노력하라. "내 사업은 안 돼"라고 속단하지 말고 초심으로 돌아가서 고민해보자. 반찬 가게도 해냈다!

전략 3: 고객의 추가 구매

앞에서 살펴본 고객의 재방문과 비슷하지만 약간 다른 개념이 있어 추가로 살펴보겠다. 그것은 바로 고객이 구매 시 추가로 구매하도록 만드는 전략이다.

어느 날 휴게소 푸드코트에 갔는데 특이하게 수타짜장면을 파는 곳이 있었다. 회사 근처에 자주 가던 수타짜장면집이 폐업해서 슬퍼하던 차라 더 반가웠다. 계산대로 가면서 식사 중인 사람들을 보니 특이한 점이 하나 있었다. 대부분 탕수육을 하나씩 시켜 먹고 있는 게 아닌가? 휴게소에서 시켜 먹기에는 살짝 무거운 메뉴일 것 같은데, 꽤 많은 사람이 탕수육을 주문했다. 이 궁금증은 키오스크 앞에서 바로 해결되었다. 탕수육 값이 만 원이었던 것이다.

평소 중국집에 갈 때마다 탕수육은 가격이 비싸고 양도 많아서 2~3명이 주문하기에는 살짝 애매했다. 하지만 만 원 메뉴가 있으면 딱 적은 수의 인원끼리 나눠 먹기도 적당하지 않은가? 매우 간단하지만 기발한 판매 전략이다.

이처럼 고객이 구매할 때 추가로 구매하게 만드는 전략은 매출액 향상에 매우 중요하다. 이 전략은 실제로 자주 접할 수 있다.

- 마트의 계산대 앞에 껌이나 사탕이 있다.

- 50% 할인보다 공짜로 하나 더 준다는 제안이 소비자에게는 훨씬 매력적이다. 그래서 1+1 전략은 이제 일반화되었다.

- 패스트푸드점에 가면 단품만 주문하는 경우가 많은가, 세트로 주문하는 경우가 많은가?

- 휴대폰의 통신사를 바꾸고 인터넷까지 가입하면 대폭 할인해준다. 심지어 비싼 자전거를 선물로 주는 경우도 있다.

많은 대기업도 고객이 구매 결정을 내리는 순간에 최대한 '자연스럽게' 하나 더 팔 수 있는 방법을 늘 연구한다. 중소기업의 대표들도 그렇게 해야 생존할 수 있다.

'고객을 기쁘게 만들며, 뭘 하나 더 팔 수 있을까?'

마케팅 치트키, 마케팅 트라이앵글

지금까지 절대 회계 3M에서 첫 번째에 위치한 Marketing M에 대해 살펴보고 있다. 이제 8부능선을 넘었다. 지금까지의 내용을 정리하면 다음과 같다.

① 매출은 후행 지표다.

② 매출의 선행 지표인 트래픽, 전환율, 수량, 가격 네 가지가 중요하다.

③ 트래픽은 매출의 첫 단추로 매우 중요하다.

④ 트래픽이 충분해도 전환이 안 되면 어차피 매출은 0이다.

⑤ 트래픽과 전환율을 구분해 전략을 세우고, 이 숫자들을 자주 확인하라.

⑥ 수량 늘리는 세 가지 전략인 고객의 입소문, 재방문, 추가 구매를 사용하라.

여기까지의 내용을 보고 이렇게 이야기하는 독자들도 있을 것이다.

"이론적으로 매출이 저렇게 발생하는 건 알겠는데요. 어디서부터 시작해야 할지 막막해요!"

이런 사람들은 대부분 마케팅의 기본이 너무 부족한 경우다. 그래서 준비했다. 마케팅의 기본 중 기본! 필자가 대표들에게 '마케팅 치트키'라고 소개하는 내용이다. 복잡한 마케팅을 공부하기 싫다면, 이 개념만 익히고 실전에 투입되어도 충분하다고 생각한다. 그만큼 막강하다. 치트키는 원래 막강한 것이다. 게임에서 치트키를 쓰면 무적이 되지 않는가?

마케팅 트라이앵글

만약 당신의 고객이 될 수 있는 사람과 엘리베이터를 같이 탔다고 가정해보자. 그럼 길어야 1분 정도 잠재고객과 같은 공간에 있게 된다. 그 짧은 시간 안에 당신은 당신의 제품이나 서비스를 효율적으로 설명할 수 있는가? 당신의 입에서 나오는 설명이 경쟁사들이 하는 말과 70% 이상 유사하다면, 현재 당신은 아마 큰 어려움에 빠져 있을 것이다. 내가 파는 제품과 서비스가 타사의 것과 차별화되지 않는다면, 내세울 수 있는 건 싼 가격밖에 없다. 싼 가격의 위험성은 다음 장에서 자세히 살펴보기로 하고, 이번 장에서는 당신의 사업이 수많은 경쟁사 사이에서도 빛날 수 있는 방법을 알려주겠다. 마케팅의 기본 중 기본인데도 사업을 시작하는 많은 대표가 이를 간과한다. 필자가 이 방법을 고객들에게 소개해주면 반응이 한결같다.

"이 간단한 걸 조금만 더 일찍 알았더라면!"

홈페이지를 만들기 전에, 검색광고에 큰돈을 쓰기 전에, 브로슈어를 제작하기 전에, 로고나 상호를 만들기 전에, 그 어떤 마케팅 전략을 실행하기 전에 먼저 아래 세 요소로 다음 페이지의 삼각형을 그려라. 일명 마케팅 트라이앵글이다.

① 시장(Market): '누구'에게 제공하는 물건이나 서비스인가?

② 메시지(Message): '무엇' 때문에 그것을 나에게 사야 하는가?

③ 미디어(Media): '어떻게' 메시지를 고객에게 전달할 것인가?

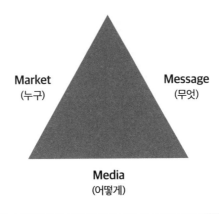

마케팅 트라이앵글(마케팅 3M)

Market
(누구)

Message
(무엇)

Media
(어떻게)

시장, 메시지, 미디어를 이렇게 삼각형에 하나씩 배치해 '마케팅 트라이앵글'이라 부르기도 하고, 앞의 알파벳 대문자 M을 본떠 '마케팅 3M'이라고도 한다. 우연의 일치로 절대 회계도 3M인데 헷갈리지 않았으면 좋겠다.

지금부터 소개하는 것은 절대 회계 3M이 아닌 마케팅책에 나오는 '마케팅 3M'이다. 마케팅 개론 수업을 들어보면 4P(Product, Place, Promotion, Price: 상품, 장소, 광고, 가격)라는 용어가 나온다. 이와 유사한 개념이지만 개인적으로 4P는 필자의 사업과 잘 연결시키기 어려웠다. 하지만 마케팅 3M은 필자의 사업 성장에 핵심 역할을 한 고마운 녀석이다.

각각의 내용을 살펴보는 것도 중요하겠지만 그보다 더 중요한 내용이 있다. 그것은 바로 마케팅 3M을 반드시 '시장→메시지→미디어' 순서대로 접근해야 한다는 점이다.

① 자신이 목표로 삼는 고객을 먼저 지정한다(Market).

② 지정한 고객에게 전달할 분명한 메시지를 만든다(Message).

③ 만든 메시지를 전달할 미디어를 선택한다(Media).

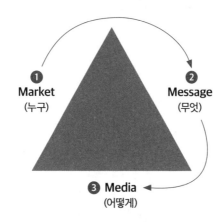

마케팅 3M의 올바른 순서

❶ **Market**
(누구)

❷ **Message**
(무엇)

❸ **Media**
(어떻게)

다시 한번 강조하지만 '순서'가 중요하다!

하지만 실무에서 많은 대표를 만나본 결과 이 순서를 정확히 반대로 행하는 경우가 많았다. 참 신기하기까지 했다. 은퇴 후 호기롭게 한식당을 개업한 A 대표를 살펴보자. A 대표가 하는 마케팅 전략의 사고 흐름은 다음과 같다.

'요즘 블로그를 꼭 운영해야 손님이 온다고 하던데(Media), 그러면 블로그에 뭘 적지?(Message) (개업 후 몇 달이 지나도 매출이 변변치 않자) 한식당 말고 그냥 청국장집으로 전문화했어야 하나?(Market)'

정확히 '시장→메시지→미디어'의 역순으로 마케팅 전략을 결정한다. 결과는 대부분 참패다. 마케팅을 고민할 때 그 시작점은 반드시 시장, 즉 고객이어야 한다.

M1: 시장(Market)

더본코리아의 백종원 대표가 TV에서 늘 음식점 사장들에게 하는 말이 있다.

"메뉴를 줄이셔야 해요!"

왜 메뉴를 줄여야 할까? 그것은 자신의 사업이 목표로 삼는 대상을 만들라는 뜻이다. 하지만 많은 사장이 이 조언을 받아들이기 힘들어한다. 목표를 정해 전문화함으로써 포기해야 하는 시장이 너무 아깝게 느껴지기 때문이다.

"다른 메뉴를 찾는 손님들이 계속 있어요."

"그냥 돌려보낼 수는 없잖아요."

이 악순환을 탈피해야 한다. 기존 고객이 일부 떨어져 나가는 아픔이 있더라도 반드시 자신이 목표로 삼을 고객을 명확히 정해야 한다. 목표로 하는 고객층을 송곳처럼 뾰족하게 만들수록 사업의 성공 확률은 높아진다. 그 이유를 고객의 입장이 되어서 생각해보자. 퀴즈를 3개 내겠다.

Q1. 당신이 의사라면 어느 회사에 마케팅을 의뢰하겠는가?

① 전부 잘한다는 종합 마케팅 회사

② 블로그 마케팅 전문회사

③ 병·의원 블로그 마케팅 전문회사

Q2. 당신의 아이를 어느 미술학원에 보내겠는가?

① 어린이, 입시, 성인·취미 모두 가능한 동네 미술학원

② 유아와 초등 저학년을 대상으로 하는 유아 전문 미술학원

③ 대한민국 6~13세 남자아이만을 위한 미술교육연구소

Q3. 당신이 배우자와 이혼을 준비하고 있다면 누구를 찾아가겠는가?

① 집에서 가까운 곳에 있는 홍길동 변호사

② 이혼 전문 홍길동 변호사

③ 실제 이혼 경험을 홍보하는 이혼 전문 홍길동 변호사

당신은 몇 번을 선택했는가? 어느 사업이 돈을 많이 벌겠는가?

시장을 좁혀야 한다. "나는 모든 것을 다 잘해요"라는 말은 "나는 전문 분야가 없는 사람이에요"라는 말과 똑같다는 것을 명심해야 한다. 손님이 줄을 서는 전국의 모든 맛집은 '전문' 메뉴가 있다. 고객을 줄 세우려면 자신의 고객이 누군지부터 알아야 할 것 아닌가?

이제 필자도 회계 사업을 꽤 여러 해 하다 보니 대표들과 이야기만 해봐도 이 사람이 돈을 많이 벌지 적게 벌지 대략 감이 온다. 그 첫째 지표가 바로 '전문화'다. 얼마 전에 받은 명함에 이렇게 적혀 있었다.

해외 골프 전문 여행사

- 300개 이상의 해외 골프장을 직접 답사 후 정확하게 안내합니다.
- 25년간의 노하우를 바탕으로 골프 토털 서비스를 제공합니다.

이 사람은 필자의 고객이 아니라 약간의 친분 관계가 있는 대표이기 때문에 이 사람의 정확한 매출액과 이익을 전혀 모른다. 하지만 어떤 느낌이 드는가? 절대 굶어 죽지 않을 것 같지 않은가? 돈을 꽤 벌고 있을 것 같지 않은가?

앞선 3개의 퀴즈에 모두 3번이라고 답한 대표들은 반드시 자신의 사업도 되돌아보라.

"내 사업은 누구를 위한 것인가?"

M2: 메시지(Message)

사업의 시장(Market)이 정해지면 고객들에게 어떤 메시지를 전달할지 정해야 한다. 그 메시지에는 반드시 자신이 '왜' 고객의 문제를 해결해줄 수 있는 최고의 적임자인지가 담겨야 한다. '수많은 대안 중에 왜 나를 선택해야 하는가?' 이것에 대한 내용이 메시지다. 다음에 나오는 질문들로 내 제품과 서비스가 왜 경쟁사들보다 뛰어난지, 고객들은 왜 내 제품과 서비스를 선택하는지를 정리하다 보면 어느 정도 마케팅 메시지의 윤곽이 잡힐 것이다.

Q1. 나의 제품·서비스가 다른 유사한 그것들과 무엇이 다른가?

Q2. 나의 제품·서비스의 어떤 부분이 경쟁사의 것보다 월등히 뛰어난가?

Q3. 기존의 고객들이 나의 제품·서비스를 선택하는 가장 핵심적인 이유는 무엇인가?

이를 더 구체적으로 바꿔보자.

Q1. **(내가 정한 시장에서)** 나의 제품·서비스가 다른 유사한 그것들과 무엇이 다른가?

Q2. **(내가 정한 시장에서)** 나의 제품·서비스의 어떤 부분이 경쟁사의 것보다 월등히 뛰어난가?

Q3. **(내가 정한 시장에서)** 기존의 고객들이 나의 제품·서비스를 선택하는 가장 핵심적인 이유는 무엇인가?

효과적인 메시지 작성을 위해서는 반드시 자신이 집중하는 시장이 먼저 정해져야 한다. 그러지 않으면 메시지는 모호해질 수밖에 없고, 세상에 신기하고 재미난 것이 많은 요즘 모호한 메시지에 반응하는 고객은 거의 없을 것이다. 마케팅 3M에서 가장 중요한 것은 순서임을 다시 한번 명심하자.

실제로 마케팅 메시지를 잘 만들어내기는 생각보다 쉽지 않다. 많은 경우 정말 어렵다. 그래서 도저히 진도가 나가지 않을 때 참고할 만한 교과서 같은 자료가 하나 있다. 바로 '홈쇼핑' 채널이다. 약 30분 동안 쇼호스트가 고객을 설득하는 과정을 살펴보면 그것은 하나의 과학임을 알 수 있다. 수많은 행동심리학 이론의 결정체를 보는 것 같다. 많은 홈쇼핑을 보다 보면 세 가지의 공통적인 메시지 형태를 발견할 수 있다. 그 세 가지를 반드시 자신의 사업에도 접목시키자.

첫 번째, 눈길을 단숨에 끌 한 방 메시지

"좋은 잠이 좋은 아침을 만듭니다."

어느 온수매트 홈쇼핑 홈페이지의 광고 문구다. 보자마자 한 번쯤은 더 클릭하고 싶지 않은가? 특히 어젯밤 잠을 설쳤다면 눈길이 더욱 갈 것이다. 이처럼 고객의 눈길을 끌 수 있는 한

방 있는 메시지가 필요하다. 한 방 메시지를 사용해서 다시 세계 1등 회사로 성장한 사례 하나를 소개하고자 한다. 다음 두 메시지를 비교해보자. 두 제품은 비슷한 시기에 나온 MP3 플레이어다.

제품 1

- 1인치 크기의 CF 타입 하드드라이브 내장
- Square(정사각형)의 심플하고 콤팩트한 디자인으로 휴대성과 조작성 높음
- 5GB 용량의 음악 파일 저장 가능
- 98dB 신호 대 잡음비로 높은 수준의 음악 재생은 물론 FM 라디오, 보이스 리코딩 가능
- USB포트로도 충전되는 착탈이 가능한 전용 리튬이온배터리로 14시간 재생 가능

제품 2

- 1,000 songs in your pocket(1,000곡의 노래를 주머니 속에)

이미 눈치챘겠지만 두 번째 제품은 공전의 인기를 누린 애플의 아이팟이 처음 시장에 나왔을 때 사용했던 마케팅 메시지다.

얼마나 간결하고 강력한가! 제품이 고객들에게 어떤 가치를 줄 수 있는지 단 한 문장으로 요약했다. 아이팟의 큰 성공이 아이폰 탄생의 든든한 밑받침이 되었다는 사실을 상기해보면 이 메시지가 얼마나 위대한지 다시 느낄 수 있다.

반면에 첫 번째 제품의 메시지는 애플의 경쟁사가 신문기사에서 홍보했던 내용을 정리한 것이다. 마케팅은 결과로 이야기한다. 첫 번째 제품을 만든 회사는 이제 사람들의 기억 속에서 완전히 잊혔다. 애플의 제품은 지금 글을 쓰고 있는 카페에서 눈만 돌리면 쉽게 만나볼 수 있다. 대략 세봐도 10개가 넘는다.

대표 입장에서 힘들게 만든 제품과 서비스에 대해 하고 싶은 말이 좀 많을까. 그러나 고객들은 그렇게까지 관심도 없고 인내심도 없다. 짧고 강렬한 메시지를 만들어라. 애플도 짧게 이야기하는데, 나 따위가 왜 길게 이야기하는가?

두 번째, 고객을 설득할 스토리

우리의 구매 의사결정에는 이성보다는 감성이 작동하는 경우가 많다. 사람들은 자신이 똑똑해서 이 물건을 구매했다고 착각하지만, 실제로 되돌아보면 그냥 사고 싶은 마음이 들어서 산 경우가 대부분이지 않은가? 온수매트를 부모님께 선물해드렸을 때

좋아하시는 모습을 상상해보면, 어느덧 우리는 온수매트를 결제하고 있을지 모른다. 물건을 잘 파는 모든 영업자는 자신만의 스토리가 있다. 자신의 사업을 성공시키기 위해서는 반드시 매력적인 스토리를 개발해야 한다. 고객이 나의 제품과 서비스를 구매할 수밖에 없는 스토리를 만들어라!

세 번째, 거부할 수 없는 마지막 제안

홈쇼핑 채널 마지막에 어김없이 등장하는 문구. 지금 구매하면 이것도 주고 저것도 준다는 식의 제안이 마치 선물 폭탄처럼 쏟아진다. 자신의 사업에도 이러한 메시지를 만들어야 한다. 자신의 물건이나 서비스를 구매하면 어떠한 혜택이 있는지 최대한 자세하게 설명해야 한다. 많은 사업자가 이 마지막 제안을 누락하는 경우가 많다. 나는 제품과 서비스를 열심히 설명했건만 정작 고객은 '그래서 어떻게 하라고?'라고 생각한다면, 지금까지의 노력이 너무 허무하지 않겠는가? 따라서 고객들에게 지금 당장 무엇을 해야 하는지 반드시 알려줘야 한다.

- 견적을 받아보라.
- 전화상담을 신청하라.

- 브로슈어를 신청하라.

- 샘플을 받아보라.

- 설명회에 참석하라.

⋮

고객에게 지금 당장 무엇을 해야 하는지 분명하게 알려줘라. 홈쇼핑 방송을 보고 있으면 무언가 막 하고 싶어진다. 지금 당장 신청을 해놔야지 안심이 될 것 같다. 오늘 당장 홈쇼핑 방송 한 편을 보면서 내 홈페이지에는 어떤 메시지가 누락되어 있는지 고민해라. 그리고 바로 수정해라.

M3: 미디어(Media)

앞에서 시장(Market)과 메시지(Message)를 명확하게 정했다면 미디어(Media)는 생각보다 쉽게 선택할 수 있다. 자신이 목표로 삼는 고객들이 주로 방문하는 곳에 만든 메시지를 깔아놓으면 된다. 고객들이 어디에서 시간을 많이 보내는지 살펴보면 그 답이 쉽게 나온다. 다른 대표가 블로그를 아무리 추천해도 내 사업에는 그것이 전혀 소용없을 수도 있다. 그렇기 때문에 다시 한번 강조하지만, 미디어를 정할 때 반드시 시장과 메시지를 먼저 확정해야 한다. 그래야 잘못된 미디어 선택으로 발생하는 돈과 시간 낭비를 막을 수 있다.

이전에 살펴본 미디어의 예시를 다시 살펴보자.

① 전단지

② 영업전화

③ TV, 라디오, 신문

④ SNS

⑤ 동영상 플랫폼

⑥ 검색광고

⑦ 검색엔진 최적화

⑧ 영업팀

⑨ 입소문

⑩ 설명회

⑪ 박람회

⑫ 대표의 명성, 인지도

이 중에서 무엇이 효과가 좋은지 묻는 것은 바보 같은 질문이다. 그때그때 다르다. 만약 목표로 삼는 시장의 고객이 특정 신문을 구독한다면, 그 신문이 자신에게는 최고의 마케팅 미디어가 된다. 남들이 블로그가 좋으니 유료 광고가 좋으니 아무리 떠들어봐야 자신의 사업에는 그 신문이 답이다. 따라서 그 신문에 앞에서 정리한 메시지를 지속해서 노출하면 된다.

끝으로 미디어를 바라보는 아주 중요한 인사이트를 하나 설명해주고자 한다. 현재 미디어의 종류는 다음과 같이 크게 세 가지로 구분할 수 있다.

① Paid Media: 유료 광고 미디어

② Owned Media: 자신이 소유한 미디어

③ Earned Media: 인플루언서의 공유 등 제삼자적 미디어

미디어의 종류에는 이 세 가지가 있다는 사실을 꼭 명심하자. 사업을 하다 보면 이 중 하나에 함몰되는 경우가 많다. 10년째 블로그만 쓰는 대표가 너무나도 많다. 물론 블로그 하나만으로도 대박이 날 수 있지만, 다른 방법과 함께 블로그를 쓴다면 더욱 효과적이지 않을까? 자신의 블로그 내용을 언론사가 소개해

준다면?(Paid Media) 자신의 블로그를 유명한 인플루언서가 인스타그램에 공유해준다면?(Earned Media) 이 세 가지 미디어를 섞어서 아주 빠르게 사업을 성장시킨 대표도 정말 많다.

미디어를 잘 버무려 시너지 효과를 만들 수 있다. 그래야 사업이 크고 빠르게 성장할 수 있다.

가격:
가격 결정이 곧 경영이다

일본 3대 경영의 신이라고 칭송받는 고(故) 이나모리 가즈오 명
예회장이 자신의 거의 모든 저서에서 강조하고 있는 것이 '가격
결정'의 중요성이다. 사업에서 가격의 중요함은 아무리 강조해
도 지나치지 않다. 어떻게 보면 경영자가 할 수 있는 모든 행위
중 가장 정점에 있는 것으로, 한마디로 '경영의 진수'라고 표현
할 수 있다. 아무리 커 보이는 회사도 단 한 번의 잘못된 가격 결
정 때문에 바로 나락으로 떨어질 수 있다. 심지어 시가총액이 수
조 달러인 애플마저도 가끔씩 아이폰의 가격을 너무 비싸게 설

Marketing M의 가격

Conversion Rate
전환율

Price
가격

Traffic
트래픽

Quantity
수량

Sales
매출

정하면, 그다음 날 바로 주가가 폭락하기도 한다. 그만큼 가격 결정이 회사의 운명에 끼치는 영향은 지대하다.

가격 결정의 구체적인 방법을 여기서 소개하기에는 그 주제가 너무 광범위하다. 시중에는 가격 결정만을 전문으로 다루는 좋은 책이 정말 많다. 하나의 사업을 운영하는 대표는, 반드시 자신이 납득하고 고객도 납득할 수 있는 최적의 가격을 찾아내기 위해 사업에서 떠나는 날까지 노력해야 한다. 그리고 그 결정의 모든 책임은 대표에게 있다. 그래서 대표라는 자리가 힘든 자리다. 가격을 정하는 일은 대표가 할 수 있는 행위 중에 가장 책임감이 크고 중요한 결정이라는 사실을 명심하고, 동종업계의 가격을 그대로 복사하는 수준에서 만족하지 않길 바란다.

그럼 이번 장에서는 가격 결정이 왜 중요한지 아주 간단한 계산을 가지고 살펴보도록 하겠다. 말로만 하는 것보다 숫자로 그 결과를 보면 바로 이해가 될 것이다.

A 회사

하나에 10억 원짜리 기계를 1년에 10개씩 파는 회사가 있다고 가정해보자. 그리고 그 기계의 원가는 6억 원이다. 이 정도의 사업을 운영하는 데 필요한 고정비는 30억 원이라고 하자.

① 매출액 = 10억 원 × 10개 = 100억 원

② 원가 = 6억 원 × 10개 = 60억 원

③ 고정비 = 30억 원

④ 이익 = 매출액 − 원가 − 고정비 = 10억 원

계산해보면 A 회사에서는 10억 원의 이익이 남는다.

B 회사

B 회사는 A 회사와 모든 것이 동일한데, 기계를 2개 더 팔 수 있는 마케팅 능력이 있다. 그래서 연간 12개의 기계를 판다고 하자.

① 매출액 = 10억 원 × 12개 = 120억 원

② 원가 = 6억 원 × 12개 = 72억 원

③ 고정비 = 30억 원

④ 이익 = 매출액 - 원가 - 고정비 = 18억 원

수량이 20% 증가하니 이익은 10억 원에서 18억 원으로 80% 증가했다.

C 회사

C 회사는 A 회사와 모든 것이 동일한데, 가격을 20% 더 받을 수 있다고 하자. 즉 기계 하나에 10억 원이 아니라 12억 원에 팔 수 있다. 똑같은 기계를 팔기 때문에 원가는 6억 원으로 동일하다.

① 매출액 = 12억 원 × 10개 = 120억 원

② 원가 = 6억 원 × 10개 = 60억 원

③ 고정비 = 30억 원

④ 이익 = 매출액 - 원가 - 고정비 = 30억 원

가격이 20% 증가하니 이익은 10억 원에서 30억 원으로 무려 200% 증가했다. 이것이 가격의 위력이다.

2019년을 기준으로 전 세계 스마트폰 시장을 보면 삼성전자는 시장점유율 1위(21%), 영업이익 2위(17%)다. 애플은 시장점유율 3위(12%), 영업이익 1위(66%)다(counterpointresearch.com 참조). 애플이 삼성전자에 비해 시장점유율은 월등히 낮더라도 영업이익의 66%를 차지한다. 당신은 어떤 사업을 하고 싶은가? 헷갈리면 삼성전자와 애플의 시가총액을 비교해보면 된다. 이렇게 된 요인에는 여러 가지가 있지만, '가격'이라는 요소가 1등 공신이라는 데는 이견이 없을 것이다.

지금 당신이 고객에게 받고 있는 가격을 의심하라! 그것이 경영자가 지녀야 할 가장 중요한 덕목이다.

CHAPTER 3

Morning M

숫자로 경영하라.

- 최종학(서울대학교 경영대학 교수)

무엇을
봐야 할까?

서울대학교 경영대학 최종학 교수의 『서울대 최종학 교수의 숫
자로 경영하라』라는 베스트셀러가 있다. 이 책 제목에서 말하는
대로 중소기업의 대표가 숫자로 경영하고자 할 때 무슨 숫자를
봐야 할까? 정답은 '케이스 바이 케이스'다. 회사마다 업종이 다
르고 업종이 같더라도 사업하는 방식이 제각각이며, 처해 있는
상황 또한 모두 다르기 때문이다. 하지만 재무의 관점에서는 공
통으로 봐야 할 지표들이 있다.

지금까지 이 책에서 다룬 절대 회계 3M의 내용을 꾸준히

따라왔다면 이 또한 전혀 어렵지 않다. 왜냐하면 앞에서 배운 Marketing M과 Money M의 요소들이 바로 숫자경영에 필요한 필수 지표들이기 때문이다. 2개의 M을 이루는 각 꼭짓점을 나열해보면 다음과 같다.

① 트래픽(Traffic)

② 전환율(Conversion Rate)

③ 수량(Quantity)

④ 가격(Price)

⑤ 매출(Sales)

⑥ 세금(Tax)

⑦ 경비(Expense)

⑧ 이익(Profit)

⑨ 금고(Safe)

여기에 재무제표 관련 내용만 추가해준다면 '중소기업용 재무보고'의 든든한 기초 뼈대가 될 것이다.

중소기업용 재무보고 = Marketing M + Money M + 재무제표 등

다음 페이지에 주요 지표 9개와 재무제표 등에 해당하는 항목들을 예로 들어봤다. 이를 참고해 자신의 사업에 꼭 필요한 수치들을 정리할 수 있을 것이다. 그런데 그 수치가 쉽게 구해지는 경우도 있지만 도저히 알 수 없는 경우도 많을 것이다. 그럴 때는 대부분 회사에 관련 시스템이 부재했기 때문이니 이번을 계기로 시스템을 개선하면 된다. 예를 들어 제품별 판매수량이나 판매단가를 구할 수 없다면, 판매 정보를 기록할 때 관련 범주를 분명히 나누도록 바꿀 수 있다. 바꿀 수 있는 게 아니라 반드시 바뀌야 한다.

주요 지표 예시		
구분	지표	항목
Marketing M	Traffic 트래픽	• 검색광고 클릭수 • 웹사이트·블로그·SNS 방문자수 • 매장 방문자수
	Conversion Rate 전환율	• 총 제품 판매수, 웹사이트·매장 방문자수 • 체류 시간(방문자가 웹사이트에서 보낸 평균 시간) • ROAS(광고에 따른 매출 ÷ 광고비)
	Quantity 수량	• 제품별·패키지별 판매수량 • 기존 고객의 소개로 인한 신규계약수 • 기존 고객의 재방문·재구매수
	Price 가격	• 제품별·패키지별 판매단가
Money M	Sales 매출	• 매출 통장 잔액 및 추이 • 제품별·패키지별 매출액 • 지난 12개월 누적 매출액 추이
	Tax 세금	• 세금 통장 잔액 및 추이 • 예상 세금(부가가치세 및 법인·종합소득세) • 세금 통장 잔액, 예상 세금
	Expense 경비	• 경비 통장 잔액 및 추이 • 제품별·패키지별 원가율 • 급여 생산성
	Profit 이익	• 이익 통장 잔액 및 추이 • 예상 배당액 • 1·3·5년 투자 계획(유보자금 재투자)
	Safe 금고	• 금고 통장 잔액 및 추이 • 금고 통장 잔액, 월별 지출액 • (금고 통장 운용 불가 시) 향후 차입금 등 자본 조달 계획

재무제표 등	재무제표	• 손익계산서 • 재무상태표 • 현금흐름표
	기타 명세서	• 외상매출금·미수금 내역 • 외상매입금·미지급금 내역

혹시 이 표를 보고 너무 어렵게 느끼는 독자가 있을지 모르겠다. 그러나 절대로 겁먹을 필요 없다. 이것은 단지 하나의 예시일 뿐이다. 그저 '현재 내 사업에 가장 중요한 숫자는 무엇일까?'라는 고민만 해라! 이것이 출발점이다. 그리고 시간을 가지고 자신이 봐야 하는 항목들을 하나씩 늘려가면 된다.

언제
봐야 할까?

병원에 입원하면 간호사가 매일, 아니 하루에도 몇 번씩 하는 행동이 무엇일까? 그것은 바로 혈압과 체온을 측정하는 것이다. 가끔은 저렇게 자주 혈압과 체온을 확인하는 것이 이상해 보일 때도 있지만, 간호사는 늘 일정한 간격으로 환자들의 혈압과 체온을 측정해 기록해둔다. 혈압과 체온을 잰다고 해서 저절로 병이 낫지는 않는다. 하지만 이것은 환자를 관리하는 데 기본 중의 기본이다. 갑자기 혈압이 올라가면 지금 취하고 있는 치료 방법에 문제가 없는지 점검해보고 그것을 바꿔보기도 한다. 체온이 예상보다 더 올라간다면 추가로 약물을 투입하기도 한다. 의료 시스템의 발전 과정에서 혈압과 체온의 측정은 가히 혁명이라고 할 수 있다.

중요한 것은 매일 봐야 한다

병원의 치료 과정에서 볼 수 있듯이 중요한 것은 매일 봐야 한다. 대표들에게 가장 중요한 것은 무엇인가? 자신과 가족 정도를 제외하면 당연히 자신이 하는 사업이 최상위에 있지 않을까? 그렇다면 대표들이 자신의 사업에 관해 매일 확인하는 것이 있을까? 자금일보(수입과 지출 등 자금흐름을 기록한 문서)를 매일 확인한다면 80점 정도는 될 것 같다. 하지만 대부분의 중소기업 대표는 매일 확인하는 그 뭔가가 없다. 직원들이 산발적으로 보고하는 것을 바탕으로 감과 경험으로 사업을 운영하는 경우가 대부분이다.

사업이 대표에게 가장 중요한데, 그에 관해 매일 확인하는 것이 없다? 이 점은 이상하지만 자세히 들여다보면 이해가 되는 측면도 있다. 왜냐하면 많은 대표가 언제(When), 무엇(What)을 봐야 하는지 모르기 때문이다.

절대 회계 3M의 마지막 M은 바로 'Morning M'이다. 매일 아침 대표는 자신의 사업과 관련된 중요한 숫자를 반드시 확인해야 한다는 의미에서 '모닝'이라고 이름을 지었다. 이 '모닝 리포트'를 보고 하루를 시작해야 한다. 이게 사업의 기본이다. '맥모닝'이라고 부르며 아침부터 먹으라고 광고하는 유명한 패스트푸드점이 있다. 조금이라도 기억하기 쉽도록 그 가게의 상표를 본떠 마지막 M을 다음과 같이 바꿔봤다. 그 가게를 지날 때마다 나는 내 사업의 중요한 숫자를 아침마다 확인하고 있는지 스스로에게 물어보자.

상위 1, 2, 3을 정리하자

그룹별 주요 지표 예시			
구분	중요도	지표	확인 빈도
그룹 1	상(1~2개)	트래픽	매일
그룹 2	중(3~5개)	전환율, 매출, 경비	1주에 한 번(월요일 또는 금요일)
그룹 3	하(나머지)	수량, 가격, 세금, 이익, 금고	매월 한 번

앞에서 표로 정리한 주요 지표들(What)을 중요도에 따라 1, 2, 3 세 그룹으로 나눠보자.

여기에서 소개하는 것은 단편적인 하나의 예시일 뿐이다. 회사에 따라서 트래픽 지표가 복수일 수도 있으며, 세금은 전혀 중요하지 않아 볼 필요가 없을 수도 있다. 전달하고자 하는 핵심은 Marketing M과 Money M에서 설명한 9개의 꼭짓점을 목록으로 사용해서 자신의 사업에 필요한 지표들을 정리하고, 그 중요도에 따라 확인하는 빈도를 정하면 된다는 것이다. 이것이 바로 중소기업 숫자경영의 시작이다. 재무제표를 잘 결산하는 것도 중요하지만, 이 지표들을 자주 보는 것 또한 매우 중요하다. 중요한 것은 자주 봐야 한다. 다음과 같은 속담도 있지 않은가?

Out of sight, Out of mind.

(눈에서 멀어지면, 마음에서도 멀어진다.)

앞에서 언급한 주요 지표 9개 이외에 추가로 주기별로 확인해야 할 것들을 정리해봤다. 어디서부터 시작해야 할지 막막한 대표에게는 하나의 가이드가 되었으면 좋겠다.

주기별 재무보고 예시	
언제	**확인 사항**
매일	그룹 1 지표 STEPS 계좌 잔액 주요 입출금 내역
매주	그룹 2 지표 매출채권(미수금) 내역 매입채무(미지급금) 내역
매월	그룹 3 지표 재무상태표 손익계산서
매분기	부가가치세 신고서 분기별 목표와 실적 검토 현금흐름표
매년	법인세·종합소득세 신고서 검토 연간 목표와 실적 검토 연간 사업계획서 작성

재무보고는 누가 하나요?

앞에서 절대 회계의 마지막 M인 모닝 리포트에 대해 살펴봤다. 자신의 사업에 꼭 필요한 숫자들은 무엇인지(What), 그것을 언제 (When) 확인할 것인지를 정리했다. 그렇다면 이제 더 실무적인 이야기를 해보자.

이러한 재무보고도 결국 사람이 하는 일인데, 이것을 자신의 사업에 적용하려면 과연 어떻게(How) 해야 할까? 누가(Who) Morning M을 책임질 것인가?

일단 시작하자

회사의 규모가 아주 작을 때는 어차피 대안이 없다. 회사의 대표가 직접 모든 것을 챙겨야 한다. 만약 대표가 어느 정도 회계에 대한 배경지식이 있다면 그나마 쉽겠지만, 대부분은 그렇지 못하다. 그렇다고 사업에 집중하기도 바쁜 와중에 재무보고에 너무 많은 시간을 투입하는 것도 바람직하지 않다. 따라서 처음부터 목표를 너무 높게 잡지 말고, 자신의 사업에 필요한 숫자를 하나씩 챙기는 습관을 기르는 것이 중요하다.

　의사인 고등학교 친구가 병원을 개원한다고 찾아왔다. 규모도 제법 커서 개원 전에 꽤 많은 돈이 들어간 것 같았다. 미리 손익분석을 해봤냐고 물었더니 그런 것에 전혀 무지한 상태였다. 그래서 부랴부랴 둘이 나란히 앉아, 엑셀로 병원의 매출 항목과 비용 항목을 정리해 매출액 규모별로 간단한 시나리오 분석을 진행해봤다. 그 결과 환자수에 따라 실제로 얼마나 버는지를 대략 알 수 있게 되었다. 그렇게 30분 남짓 엑셀을 함께 만들고 나서 친구가 하는 말이 이거였다.

　"나 되게 열심히 해야겠네!"

　아마 그 뒤에 "그래야지 빚도 갚고 잘살 수 있겠네…." 정도가 생략되지 않았을까? 병원의 매출 구조에 대해 잘 모르는 회계사인 필자와 아직 개업 전이라 실제 어떤 일이 벌어질지 알지 못하는 개업의가 30분 만에 만든 엑셀이 뭐 그리 대단했겠냐마는, 몇 년이 지난 지금도 그 친구는 그 엑셀을 신줏단지 모시듯 잘 쓰고 있다. 하루의 진료가 끝나면 반드시 퇴근하기 전에 엑셀을 열어서 그날의 실적을 한 줄 추가한다고 한다. 그렇게 정리하는 데는 5분도 걸리지 않지만, 병원이 잘 성장하고 있는지, 무언가 위기 요소는 없는지 파악하기에는 충분하다며 고마워한다.

이처럼 재무보고는 대단한 게 아니다. 시작은 간단하게 하더라도 '꾸준히' 하는 것이 중요하다. 꾸준히 하다 보면 방법도 점점 발전할 것이다. 그 친구의 엑셀도 분명히 필자가 만들어준 것보다 훨씬 발전되었을 것이다. 그리고 사업이 성장함에 따라 직원수도 점차 늘어나면 그 일을 자연스럽게 직원들에게 맡기면 된다.

그러니 일단 시작해라. 그리고 꾸준히 해라. 무엇보다 꾸준히 하는 것이 가장 중요하다. 처음에는 무리해서 목표를 너무 높게 잡지 말고, 사업에 필요한 숫자를 보는 습관을 먼저 기르는 게 중요하다는 사실을 다시 한번 더 강조한다.

나의 재무팀 만들기

조금 전 혼자라도 재무보고를 시작하는 게 중요하다는 이야기를 했다. 이것이 재무보고의 가장 낮은 수준이라면 가장 높은 수준은 무엇일까? 바로 회사 내부에 든든한 재무팀을 보유하는 것이다.

이번에는 재무팀의 모습에 대해서 알아보도록 하겠다. 실제 현장에서 중소기업의 재무팀은 대부분 가장 낮은 수준과 가장 높은 수준의 중간 어딘가에 위치해 있을 것이다. 재무팀을 한마디로 정의하기란 쉽지 않다. 일단 용어가 통일되어 있지 않고 회사마다 다르다. 경리부, 금융팀, 경영관리팀, 회계팀, 재무회계팀, 재무전략실, 재경팀, 재무팀 등으로 불린다.

그렇지만 많은 중소기업과 일해본 필자의 경험을 바탕으로 다음과 같이 재무팀을 정의해봤다. 실무에서 볼 수 있는 가장 일반적인 형태다.

재무팀은 크게 4개의 부문으로 구성된다.

① 경리

② 회계

재무팀의 구성

세무

경리 → 회계 → 세무 / 전략 → CFO ⋯ CEO

③ 세무

④ 전략 및 CFO

각 부문에 대해서는 다음 장에서 자세히 살펴보도록 하겠지만, 이번 장에서 꼭 집고 넘어가야 하는 핵심 내용이 있다. 그림에 화살표를 그려놓았듯이 재무팀의 업무에도 순서가 있다는 점이다. '경리 → 회계 → 세무' 또는 '경리 → 회계 → 전략·CFO' 순서로 일이 진행되어야 한다. 이 순서를 무시하고 업무를 진행하면, 반드시 어디선가 실수가 나오기 마련이고 일의 결과물 또한 수준 이하가 될 가능성이 크다.

실무에서 가장 흔하게 일어나는 실수가 바로 '세무' 우선주

의다. 사업자등록증을 발급받고 나면 바로 납세의무가 생기기 때문에 회사의 규모가 아무리 작아도 세금신고는 해야 한다. 그래서 급하게 세금신고를 의뢰할 회계사와 세무사 같은 세무대리인을 찾아 모든 업무를 위임하는 경우가 많다. 그러면 회사 외부의 세무대리인이 세금신고를 대행하게 되는데, 이 과정에서 꽤 많은 갈등 상황이 발생한다.

- 왜 매월 재무제표를 보내주지 않는가?
- 왜 계정과목을 세무사무소 마음대로 만들고 변경했는가?
- 왜 직원이 전표처리 하는 것처럼 꼼꼼하게 처리해주지 않는가?
- 왜 합법적인 절세 방법을 자세하게 챙겨주지 않는가?

⋮

흔히 '기장대리'라고 불리는 세무사무소의 세무대행 서비스는 고객이 경리와 회계 업무가 미흡하더라도, 국가가 요구하는 납세의무를 다하기 위해 세무리스크를 최소화해서 세금신고를 해주는 서비스다. 즉 세금신고가 큰 문제없이 이뤄질 수 있도록 최적화되어 있는 서비스가 세무대행 서비스다. 그 이상 그 이하의 서비스도 아니다.

실제로 대기업처럼 높은 수준의 세금신고가 이뤄지기 위해서는 반드시 회계 업무가 먼저 회사 내에서 잘 수행되어야 한다. 왜냐하면 세금신고의 시작점은 회사의 재무제표이기 때문이며, 이 재무제표를 문제없이 작성하는 데는 숙련된 회계 인력의 상당한 시간과 노력이 투입된다. 따라서 단순히 세무대행 서비스만 이용하면서 세무사무소가 그런 것까지 다 해결해주길 기대하는 것은 '재무팀'에 관한 이해가 부족하기 때문이다.

그리고 회계 업무가 잘 진행되려면 반드시 그전에 경리 부문이 잘 갖춰져야 한다. 경리 업무를 기초로 그 위에 회계, 세무 업무 순서로 블록을 쌓는 것과 같기 때문이다. 아래 블록이 하나라도 부실하면 그 위 모든 블록은 어느 정도 위험을 깔고 있다고 보면 된다. 만약 세무대리인과의 다툼이 너무 심한 사업자라면 자신의 사업체를 한번 돌아봐라. 경리와 회계 부문을 어떻게 해결하고 있는지. 아마 구멍인 경우가 태반일 것이다.

똑같은 이유로 실무에서 아주 흔하게 저지르는 실수가 바로 지나치게 빠른 CFO 채용이다. 앞선 재무팀의 구성도를 보면 CFO는 '경리 → 회계 → 전략'을 거쳐 맨 마지막에 CEO와 소통하는 사람이다. 그 말인즉슨 연봉 10억짜리 CFO를 채용한다고 하더라도, 그 앞 단계인 경리와 회계 그리고 전략 업무에 구멍이나 있다면 CFO로서 할 수 있는 일이 최소화된다는 뜻이다.

어디에선가 CFO의 중요성을 읽고, 사업 초기에 CFO를 채용해서 후회하는 CEO들을 많이 봤다. CEO는 CEO대로 불만이고 CFO는 CFO대로 억울할 것이다. 그러나 모든 일에는 순서가 있다. 먼저 경리, 회계, 전략 부문을 튼튼하게 준비한 후 유능한 CFO를 데려온다면 그는 날아다닐 것이다. 하지만 그렇지 않다면 고액의 CFO가 입사 후 경리 업무에 시간을 쏟게 될 것이다. 얼마나 큰 시간과 돈 낭비인가?

다 같이 공동 방어 체제로

회사의 규모가 작다면, 더 극단적으로 이야기해 1인 회사라면 재무팀이 필요 없을까? 반드시 필요하다! 하지만 직원이 대표 혼자밖에 없기 때문에 재무팀의 모든 업무를 스스로 다 해야 한다. 그럼 회사의 규모가 엄청 큰 잘 알려진 대기업의 재무팀은 어떤 모습일까? 대기업에는 재무팀의 구성도에서 말한 각각의 부문이 하나의 별도로 이루어진 팀으로 존재할 것이다. 그리고 이 네 팀을 아우르는 CFO가 있을 것이다.

- 경리 부문: 금융팀
- 회계 부문: 회계팀
- 세무 부문: 세무팀
- 전략 부문: 경영전략팀

그렇다면 중소기업들은 재무팀을 어떻게 구성해야 할까? 만약 직원이 10명인데 재무를 담당할 직원이 1명도 없다면 어떻게 해야 할까? 그런 경우에는 재무팀의 업무를 구성원별로 나눠야 한다. 재무팀의 업무 목록을 만든 후 직원 중 업무별로 가장 적합해 보이는 직원에게 해당 업무를 책임져달라고 위임하고 부탁해야 한다. '이가 없으면 잇몸으로'라는 심정으로 공동 방어해야 한다.

재무팀은 회사에서 아주 중요한 팀임을 대표가 명심하고, 반드시 그 업무를 빠짐없이 챙겨야 한다. 실무에서는 그렇지 않은 경우가 너무나 많다. 재무팀은 큰 회사만 가질 수 있는 거라 생각하고 회사가 성장하면 그때 가서 만들겠다고 계획한다. 그전까지는 세무대리인에게만 의존하며 세무 외에 다른 모든 부문은 다 방치하거나 주먹구구식으로 해결한다. 그러나 그건 살얼음 위에 집을 짓는 것과 같다. 안정적인 성장을 위해서는 '스타 재무팀'이 있어야 한다. 스타 CEO 뒤에는 '은둔의 CFO'가 함께하는 경우가 많다. 재무팀의 뒷받침 없는 탄탄한 성장은 그만큼 어렵기 때문이다.

사업에만 신경 쓰다 보면 재무는 늘 뒷전으로 밀린다. 하루 이틀 심지어 한두 달 방치한다고 해도 당장 큰 문제가 생기지 않는다. 하지만 시간이 흐를수록 뿌리는 계속 썩는다는 것을 명심하라! 재무'팀'은 천천히 만들어도 된다. 그러나 재무 '기능'은 회사의 탄생과 동시에 필수다. 팀을 구성할 여유가 없다면, 구성원끼리 함께 업무를 '나눠' 재무에서 구멍이 나지 않도록 버텨야 한다. 그러면 회사의 재무 체력은 저절로 길러질 것이고, 향후에 재무 인력을 뽑을 때 우수한 인력을 끌어들일 수 있는 가장 강한 유인이 될 것이다.

다음 장부터 경리, 회계, 세무, 전략 부문에 대해 하나씩 살펴보자.

경리는
재무의 첫 단추

경리의 어원을 따져보면 '경영관리'의 줄임말이다. 그렇지만 '경영관리=경리' 하면 잘 와닿지 않는다. 넓은 의미의 경리는 경영관리를 뜻할 수 있겠지만, 일반적으로 경리라는 말을 들었을 때는 돈을 정리하고, 계산기를 두들기고, 세금계산서를 발급하는 등의 모습이 떠오를 것이다. 좁은 의미의 경리 업무는 다음과 같다.

주요 경리 업무	
은행 업무	• 계좌 조회 • 계좌 이체 • 자금일보 작성 및 보고 • 대출(차입금) 관리
증빙 업무	• 지출결의서 확인 • 세금계산서 발급 및 수령 • 신용카드 영수증 확인 및 정리 • 현금영수증·기타증빙 확인 및 정리
채권·채무 관리	• 외상매출금·미수금 관리 • 외상매입금·미지급금 관리
급여 업무	• 급여 산정 • 급여대장 및 급여명세서 작성 • 급여 이체 • 4대보험 업무

경리가 바로 서야 재무팀이 바로 선다

재무팀의 구성도에서 경리는 맨 앞에 위치한다. 경리는 재무의 시작이자 첫 단추다. 따라서 필자는 재무팀의 구성에서 가장 중요한 것이 안정적인 경리 시스템을 구축하는 것이라고 생각한다. 경리의 업무 내용을 확정하고 그것을 누가, 언제, 어떻게 할지 정리되어 있어야 한다. 그리고 더 효율적이고 효과적인 업무

재무팀의 경리

세무

경리 → 회계 → 세무 / 전략

CFO

전략 ...... CEO

방법이 없을지 꾸준히 확인하고 개선해야 한다. 하지만 실무에서는 경리 업무를 중요하게 생각하지 않는, 더 심하게 말하면 천시하는 문화가 있다. 재무팀에서 가장 허드렛일로 많이 취급하고, 경리와 총무 업무를 묶어서 함께 일을 시키기도 한다.

어쩌다 경리

중소기업에서는 경리 업무를 누가 담당할까? 주로 회사의 막내가 담당하지 않는가? 필자는 대한민국의 많은 경리를 '어쩌다 경리'라고 부른다. 왜냐하면 입사 시에는 경리 업무를 담당하게 될 줄 전혀 모르고 있다가 마땅한 사람이 없어서 '어쩌다' 맡게 되는 경우가 많기 때문이다. 그래서 경리 업무의 중요성을 인지하지 못한 채 업무를 하게 되고, 곧 다른 일을 하게 될 거라는 희망으로 경리 업무에 대한 전문성을 쌓기를 등한시하게 된다.

하지만 앞 장에서 내내 강조했듯이 경리 부문이 튼튼히 뒷받침되어야 회계 부문이 안정적으로 정립된다. 따라서 '선 경리 후 회계'라는 마음으로 접근해야 한다. 이러한 이해가 없이 그냥 비싼 회계 프로그램만 구입하면 경리 업무가 자동으로 해결될 거라고 생각하는 대표가 많다. 경리 업무는 복잡한 회계 프로그램을 필요로 하지 않는다. 그저 간단한 엑셀 기술만 있으면 누구나 쉽게 배우고 인정받을 수 있다.

지금까지 만난 대표 중에는 경리를 무시하는 사람이 생각보다 많았다. 그런 대표의 회사는 대부분 경리, 회계, 세무, 전략 즉 재무 시스템이 전무하다. 경리를 무시하고 회계를 잘하는 회사는 없으며, 경리를 무시하고 세금신고가 제대로 되는 회사도 없다. 경리를 무시하고 사업계획 수립은 꿈도 꾸지 말아야 한다. 모두 허망한 꿈일 뿐이다.

남을 위한 회계,
재무회계

처음에 회계는 세 가지로 구분된다고 설명했다.

① 재무회계

② 세무회계

③ 관리회계

이 중 세무회계는 세금신고를 목적으로 하는 회계이며 관리 회계는 회사 구성원이 보고 싶어 하는 숫자의 모음이라고 했다.

절대 회계 3M은 이 관리회계를 어떻게 잘할 수 있을지에 대한 내용이다. 상대적으로 관리회계의 중요성이 간과되고 있는 실무 현장에 경종을 울리고자 했다.

사업이 성장할수록 중요도가 급증하는 회계가 바로 재무회계다. 재무회계는 회사 외부의 사람들, 즉 남을 위한 회계다. 돈을 빌려준 금융기관은 물론 투자자와 주주들이 대표적인 외부인이다. 이들을 위한 재무 정보를 작성하는 일은 사업 성장에 필수적이다.

회사의 현재 상태와 성과를 보여줄 수 있는 가장 편하고 확실한 방법은 바로 재무제표다. 아무리 여러 장의 PPT 슬라이드와 현란한 말재주로 설명해봤자 그것이 재무제표로 확인되지 않으면 아무도 믿어주지 않는다. 사업 초기에는 이해관계자가 한정적이기 때문에 재무제표가 별로 중요하지 않다. 그래서 세무대리인이 법인세 또는 종합소득세 신고용으로 만들어주는 재무제표를 외부 제출용으로 대신하는 경우가 많다. 그러나 사업이 커질수록 이런 수준의 재무제표로는 점점 한계에 부딪힌다. 따라서 재무제표를 안정적이면서도 신속하게 만들 수 있는 인력과 시스템을 확충해야 한다.

동시에 대표 역시 재무제표를 읽을 수 있어야 한다. 재무제표

세무

경리 → 회계 → 세무 / 전략

CFO

CEO

를 볼 줄 모르는 까막눈으로는 회사를 경영할 수 없다. 관리회계 보고서로 급한 불은 끌 수 있겠지만, 회사 밖의 사람들을 만나서 설명하고 설득하고자 한다면 반드시 재무제표를 이해할 수 있어야 한다.

이 책에서 재무제표를 상세하게 설명하기는 불가능하다. 하지만 짧은 지면으로 재무제표 3인방인 손익계산서, 재무상태표, 현금흐름표에서 꼭 짚고 넘어가야 할 핵심 내용을 간단히 정리했다. 먼저 재무제표의 탄생 배경을 이해하기 위해 경제학에서 나오는 유량과 저량에 대해 간단히 공부해보자. 아주 쉽게 설명했으니 전혀 겁먹을 필요가 없다.

유량 vs. 저량

경제학책 맨 앞부분에 유량과 저량이라는 개념이 나온다. 한국 말이지만 제대로 이해할 수 있는 사람은 거의 없을 것이다. 차라리 영어가 조금 더 이해하기 쉽다.

- 유량(Flow): 일정 '기간'을 측정한 수치
- 저량(Stock): 일정 '시점'을 측정한 수치

커다란 기름통에다가 한 달간 100배럴의 기름을 부었다고 가정해보자. 그럼 1년 12개월이 지나고 나면 총 1,200배럴의 기름이 기름통에 있을 것이다. 이럴 때 다음과 같이 표시할 수 있다.

- 한 달간 100배럴: '한 달'이라는 기간이 정해졌으므로 유량이다.
- 현재 1,200배럴: '현재'라는 시점이 정해졌으므로 저량이다.

모든 경제적 현상을 잘 이해하기 위해서는 유량과 저량 지표를 모두 보는 것이 중요하다. 그래야 특정 기간에 무슨 일이 있

유량 vs. 저량

유량
(100배럴/한 달)

저량
(1,200배럴/1년)

었는지(유량), 그래서 현재의 상태는 어떤지(저량) 알 수 있기 때문이다. 하나의 기업을 파악하는 데도 유량과 저량의 측면을 모두 고려해야 한다. 그런 이유로 사람들은 재무제표를 볼 때 반드시 다음 두 가지를 동시에 확인한다.

- 손익계산서: 특정 기간의 영업실적 → 유량
- 재무상태표: 특정 시점의 재무상태 → 저량

회사가 특정 기간에 돈을 얼마나 잘 벌고 잘 썼는지, 그 결과 현재는 재무상태가 어떠한지를 동시에 살펴봐야 그 회사를 진정으로 이해했다고 할 수 있다. 재무제표는 이러한 경제학의 유량과 저량 개념에서 발전된 것이라고 이해하고, 손익계산서와 재무상태표를 각각 하나씩 공부해보자.

기간의 성적표, 손익계산서

옷을 만들어 파는 사업이 있다고 가정하고, 공장에서 옷을 만들어 고객들에게 판매하는 최대한 간단한 과정을 생각해보자. 이를 크게 메인엔진과 보조엔진 두 가지로 나눌 수 있다.

메인엔진은 공장, 보조엔진은 공장 밖에서 공장을 뒷받침하는 모습을 상상하면 된다. 메인엔진에서 일어나는 일들이 바로 사업의 핵심이기 때문에 손익계산서의 최상단에 위치하고, 거기서 발생한 손익을 '매출총이익'이라고 한다. 그리고 이를 도와주는 일련의 행위들이 바로 보조엔진을 돌리기 위한 비용이며, 회

사업의 메인·보조엔진	
메인엔진	• 제조 • 재고관리
보조엔진	• 영업 • 마케팅 • 재무 • 회계 • 인사

메인·보조엔진과 손익계산서의 연결 구조	
메인엔진	매출액 - 매출원가 = 매출총이익
보조엔진	매출총이익 - 판관비 = 영업이익
기타	영업이익 ± 영업외손익(이자수익·비용, 잡이익·손실 등) = 세전이익 - 세금 = 당기순이익

계 용어로 '판매비와 관리비', 실무에서는 줄여서 '판관비'라고 부른다.

그렇다면 공장 직원의 급여는 어디에 포함되어야 할까? 당연히 메인엔진의 '매출원가'로 들어가야 한다. 마케팅 담당 이사의 급여는 어디로 들어가야 할까? 당연히 '판관비'다. 이처럼 '급여'라는 같은 계정과목이지만, 그것이 메인엔진인지 보조엔진인지에 따라서 포함되는 범주가 달라지게 된다. 실무를 하며 손익계산서에서 챙겨야 할 핵심 사항 세 가지를 정리했다. 다른 건 몰라도 이 세 가지만은 반드시 확인하도록 하자.

첫 번째, 매출액의 앞 단계도 관리한다

이를 이해하기 위해서 매출의 일생을 살펴보자.

최초에 견적을 주고받고 나서 서로 거래 조건이 어느 정도 확정되면 이를 근거로 계약을 체결한다. 그리고 약속된 시점에 세금계산서를 주고받는다. 세금계산서 발급을 위해 그전에 사업

매출의 일생	
A. 계약	① 견적서(발주서) 발송 ② 계약 체결(계약서 발송 및 수령)
B. 증빙	③ 사업자등록증 수령 ④ (전자)세금계산서 발급
C. 수금	⑤ 대금입금 요청(전화, 문자, 메일) ⑥ 대금입금 확인 및 미입금분 추가 요청

자등록증을 주고받기도 한다. 그리고 마지막 대금지급기일에 돈이 지급되면 매출의 일생이 끝난다. 만약 돈이 제때 들어오지 않으면 미입금분에 대해 돈이 다 들어올 때까지 계속 추가로 관리해야 한다.

그렇다면 손익계산서상의 매출액은 보통 어떻게 결정되는가? 회계 기준에서는 '위험과 효익이 고객에게 이전되었는지'를 기준으로 매출액을 산정한다. 하지만 이는 너무 이론적이고 어렵기 때문에 중소기업의 실무에서는 대부분 세금계산서를 기준으로 매출액을 정한다. 따라서 세금계산서가 일단 발행만 된다면, 그 내용이 장부에 기록되기 때문에 그 이후의 업무는 어떻게든 관리가 된다. 잘하고 못하고의 차이는 있겠지만 일단 장부에 입력되었으므로 잊히지는 않는다.

문제는 세금계산서의 앞 단계다. 계약을 체결하고 나서 혹은 수주하고 나서 세금계산서를 발행하기까지 꽤 시간이 걸리는 경우가 많다. 만약 계약을 체결하고 실제로 물건도 다 넘겼는데, 세금계산서를 발급하지 않으면 어떻게 될까? 거래내역이 아예 장부에 기록되지 않기 때문에 회사의 그 누구도 모르는 깜깜이가 되기 십상이다.

이런 말도 안 되는 일이 실제로 발생할까? 중소기업에서는 꽤 자주 발생한다. 금액이 적으면 아무도 모른 채 그냥 넘어가는 것이다. 심지어 금액이 몇천만 원이나 되는데도 몇 년이 지나서야 세금계산서를 발행하지 않은 사실을 발견하는 경우도 제법 있다. 몇 년이 흐른 뒤 돈을 달라고 하면 상대방이 과연 주겠는가? 결국 소송까지 가고 관계는 산으로 간다.

자신의 매출은 자신이 챙겨야 한다. 상대방이 절대 챙겨주지 않는다. 손익계산서상에서는 보이지 않는 매출액의 앞 단계인 수주와 계약 단계부터 놓치지 않고 관리해야 한다. 모든 일이 그렇듯 늘 첫 단추가 중요하다.

두 번째, 급여의 질을 관리한다

앞에서 급여가 매출원가 또는 판관비에 포함된다고 설명했다. 이를 각각 급여 1, 급여 2라고 해보자. 그렇다면 기존의 손익계산서를 다음 페이지의 표와 같이 바꿀 수 있겠다.

대표 입장에서는 어느 정도 급여 수준이 적절한지 또는 지불하는 급여가 그만한 가치가 있는 것인지 궁금할 것이다. 모든 것이 그러하듯 급여도 투입 대비 산출이 있다. 일명 '가성비'를 따져봐야 한다. 사람한테 이런 용어를 붙이는 것이 조금 거부감이 들 수는 있겠지만 사업 성공을 위해서는 찬밥 더운밥 가릴 때가

급여의 영향을 파악하기 위한 1차 수정 손익계산서	
기존	1차 수정
매출액 - 매출원가 = 매출총이익	매출액 - 급여 외 매출원가 = 순매출액 **- 급여 1(매출원가에 포함된 급여)** = 매출총이익
매출총이익 - 판관비 = 영업이익	매출총이익 - 급여 외 판관비 **- 급여 2(판관비에 포함된 급여)** = 영업이익

아니다. 어차피 사업이 고꾸라지면 직원들에게 월급을 못 주게 되어 폐업할 수밖에 없다. 따라서 미리 급여의 질을 효과적이고 효율적으로 관리해 사업을 성장시키는 것이 대표의 의무를 다하는 거라고 생각한다.

그렇다면 가성비를 계산하는 가장 쉬운 방법은 무엇일까? 바로 산출을 투입으로 나눠보는 것이다. 그래서 그 수치가 1이면 투입과 산출이 동일하고, 1이 넘으면 산출이 더 많고, 1보다 작으면 투입보다 산출이 적은 것이다.

급여의 가성비를 따지기 위해 반드시 다음과 같은 지표를 구해보자. 일반적으로 급여의 적정성을 계산할 때 '급여÷매출액'

엔진별 급여 생산성	
메인엔진의 급여 생산성	순매출액 ÷ 급여 1
보조엔진의 급여 생산성	매출총이익 ÷ 급여 2

지표를 많이 이용한다. 그러나 이는 매출액 대비 급여가 얼마 수준인지 정도만 알 수 있을 뿐 추가적인 인사이트를 얻기는 어렵다. 그래서 반드시 급여를 분모에 배치해 급여 생산성을 구해야한다.

급여 생산성이 4며 지출한 급여가 1만 원이라면, 직원들이 4만 원만큼 4배를 벌어줬다는 뜻이다. 얼마의 생산성이 적절한지는 일관되게 이야기할 수 없다. 업종마다 모두 다르기 때문이다. 제일 중요한 것은 본인 사업의 '최적한' 급여 생산성을 반드시 알고 있어야 한다는 점이다!

만약 최적한 급여 생산성이 5라고 한다면, 그 수치보다 무조건 높다고 좋은 게 아니다. 직원들의 업무에 부하가 많이 걸려있을 확률이 높다. 그러면 자연스럽게 근무 만족도가 낮아지고 그만큼 퇴사율도 높아진다. 반대로 5보다 낮다면, 직원들의 업무 생산성이 낮다는 뜻이거나 매출이 부진해 직원들이 급여 대비 성과를 보여줄 수가 없다는 뜻이기도 하다. 어느 경우든 사업에 강한 적신호가 켜진 것이기에 이를 개선하기 위해 뼈를 깎는 노력을 해야 한다. 이렇게 급여 생산성은 반드시 최소 한 달에 한 번은 꼭 챙겨야 하는 가장 중요한 수치 중 하나다.

세 번째, 마케팅 비용은 적절한가?

폭발적으로 성장하는 사업을 보면 공통점이 하나 있다. 경쟁자의 입이 떡 벌어질 만큼의 마케팅 비용을 책정한다는 점이다. 반대로 점점 쇠퇴하는 사업의 손익계산서를 보면, 오랜 기간 제대로 된 마케팅 비용이 나가지 않은 경우가 많다.

손익계산서를 한 단계 더 수정해보자. 그리고 마케팅 비용을

마케팅비의 영향을 파악하기 위한 2차 수정 손익계산서		
기존	1차 수정	2차 수정
매출액 - 매출원가 = 매출총이익	매출액 - 급여 외 매출원가 = 순매출액 - 급여 1(매출원가에 포함된 급여) = 매출총이익	매출액 - 급여 외 매출원가 = 순매출액 - 급여 1(매출원가에 포함된 급여) = 매출총이익
매출총이익 - 판관비 = 영업이익	매출총이익 - 급여 외 판관비 - 급여 2(판관비에 포함된 급여) = 영업이익	매출총이익 - 급여, 마케팅 외 판관비 - 급여 2(판관비에 포함된 급여) - **마케팅비** = 영업이익

매출액으로 나눠보자. 이 또한 매출액에서 마케팅비를 나눌 수도 있지만, 매출액이 증가함에 따라 마케팅 비용이 그만큼 뒷받침되는지 살펴보기에는 '마케팅비÷매출액'이 더 적합하다. 이 공식으로 자신이 매출액 대비 마케팅 비용을 얼마큼 지출하는지 꾸준히 살펴야 한다.

중소기업의 상당수가 너무나 낮은 수준의 마케팅 비용을 책정하고 있다. 시행착오법으로 자신의 사업에 맞는 최적의 마케팅비 비율을 정한 후에 그 비율을 반드시 유지하라. 조금만 사업이 잘되면 검색광고도 꺼놓고 블로그 작성도 소홀하기 쉽다. 그러다가는 어느새 경쟁사들에 자리를 내주고 말 것이다.

시점의 성적표, 재무상태표

손익계산서는 유량을 나타내는 재무제표라면, 재무상태표는 저량에 대응하는 재무제표다. 손익계산서가 특정 '기간'의 성적표라면, 재무상태표는 특정 '시점'의 성적표다. 따라서 사업을 정확히 파악하기 위해서는 반드시 손익계산서와 재무상태표를 동시에 확인해야 하지만, 실무에서는 많은 대표가 손익계산서만 확인하고 재무상태표는 대충 보는 경우가 너무 많다.

실제로 본인 사업의 성패를 좌우할 귀한 정보는 재무상태표에 담겨 있다. 왜냐하면 손익계산서에는 짧게는 한 달, 길어야

1년의 정보만 들어 있다면, 재무상태표에는 사업이 문을 연 후부터 지금까지 모든 행위의 결과가 축적되어 있기 때문이다.

　재무상태표의 구성은 원인과 결과의 관계로 쉽게 이해될 수 있다. 다음 예시는 아주 간단한 형태의 재무상태표다. 우측에 원인 부분을 보면 부채와 자본이 있다. 부채는 빌려온 돈이고, 자본은 투자한 돈이다. 빌려온 돈과 투자한 돈을 합해 사업을 시작한다. 사업을 열심히 한 결과물이 좌측에 자산으로 표시되는 것이다. 자산은 크게 유동자산과 비유동자산으로 나눌 수 있다. 유동자산은 매출채권과 재고자산처럼 금방 현금화할 수 있는 것들이고, 비유동자산은 토지, 건물, 기계장치처럼 팔아서 현금화하기가 상대적으로 더 어려운 자산이다. 토지 위에 건물을 짓고 기계

재무상태표의 구성	
결과(차변)	원인(대변)
자산(부채 + 자본) ① 유동자산(현금화 쉬움) 　• 현금 및 현금성자산(예금) 　• 매출채권·미수금 　• 재고자산 ② 비유동자산(현금화 어려움) 　• 유형자산 　• 무형자산	① 부채(빌려온 돈) 　• 유동부채: 매입채무·미지급금 등 　• 비유동부채: 차입금 ② 자본(투자한 돈) 　• 자본금 　• 이익잉여금

를 들여서 돈 버는 모습을 생각해보면, 비유동자산은 사업에 돈을 벌어다주는 근본적인 자산군이라고 할 수 있다.

이처럼 부채와 자본에서 시작된 돈의 흐름은 자산의 어느 한 계정에서 끝나게 된다. 그래서 원인과 결과라고 표현했고, 회계에서는 우측을 '대변', 좌측을 '차변'이라고 부른다. 그래서 예전에는 재무상태표가 '대차'대조표라고 불렀다.

재무상태표가 어떤 과정을 통해서 만들어지는지는 시중의 회계원리책에 미루도록 하겠다. 이 책에서는 실무를 할 때 대차대조표에서 중요시해야 할 부분 세 가지만 언급하도록 하겠다.

첫 번째, 매출채권과 미수금은 관리되고 있는가?

앞에서 살펴본 매출의 일생을 다시 한번 떠올려보자. 계약 단계와 증빙 단계를 거치고 나서 수금 단계가 있다. 의외로 많은 회사가 물건을 팔고 나서 돈을 잘 못 받는다. 제때 돈을 잘 받는 것은 회사의 안정적인 현금흐름을 위해 무엇보다 중요하다. 그래서 반드시 매출채권과 미수금 목록을 관리하고 수시로 못 받은 돈이 없는지 확인해야 한다.

세무사무소에 기장을 맡기고 있는 사업자들이 가끔 미수금 목록마저도 세무사무소에서 만들어 줄 거라고 착각한다. 일반적으로 세무사무소는 세금신고를 목적으로 연 1회 결산 작업을 한다. 그때 받은 돈과 줄 돈을 일부 관리하기는 하지만 정확하지 않은 경우가 많다. 이는 누구의 잘못이라기보다 1년에 한 번 정산하는 과정에서, 대표나 담당자의 기억에 의존해 정리하다 보면 100% 정확하기가 불가능하다.

만약 정확하다고 하더라도 1년에 한 번 아닌가? 미수금 관리를 1년에 단 한 번 할 것인가? 매일, 매주, 수시로 해야 하지 않을까? 매출채권과 미수금 계정에서 가장 중요한 것은 미수금 목록을 반드시 직접 작성해 관리해야 한다는 점이다.

받을 돈 관리

- 미수금 목록을 작성해 관리한다.
- 입금 예정일 2~3일 전에는 반드시 메일, 문자 등으로 사전에 알려준다.
- 미입금분은 최대한 빨리 받을 수 있도록 관리한다. 특히 기한을 연장해 줄 때는 지급받기로 한 당월을 넘기지 않는다. 왜냐하면 달이 넘어갈수록 회수기간이 길어지기 때문이다.

두 번째, 매입채무과 미지급금은 증빙을 받고, 약속한 날짜에 준다

가끔 실무에서 뫼비우스의 띠처럼 도돌이표 같은 상황이 일어난다. 어찌 보면 중고거래 상황과 비슷하다.

A(구매자): 물건을 보내주면 입금해드릴게요.
B(판매자): 입금해주시면 물건을 보내줄게요.

물건을 매입하고 세금계산서를 요청하면 이런 일이 자주 발생한다.

A(구매자): 세금계산서를 보내주면 입금해드릴게요.
B(판매자): 입금해주시면 세금계산서를 보내줄게요.

대부분 목소리 큰 사람이 이긴다. 목소리가 작은 구매자는 돈을 먼저 보내주고, 판매자가 세금계산서를 잘 발행해주겠거니한다. 그렇게 100% 약속을 잘 지키면 좋으련만, 의외로 돈을 받고 나서 세금계산서 등의 증빙 발행을 누락하는 사업자들이 많다. 그들에게 전화해보면 이렇다.

"발급한 거 같은데요….”

"아차차, 죄송해요. 잊어버렸네요. 바로 발급해드릴게요!”

매우 귀찮고 서로서로 시간 낭비다. 물건과 서비스를 구매한 후 대금결제를 해줄 때는 사전에 반드시 적법한 증빙을 수취하자. 대표적인 예가 세금계산서다. 평소에 세금계산서를 수취하고 이에 근거해서 출금하는 것을 하나의 정해진 순서로 만들어놓으면, 나중에 부가세와 법인세를 신고할 때 증빙이 없어서 억울하게 가산세를 무는 경우는 없을 것이다. 매입채무와 미지급금을 관리할 때 세무리스크를 줄이는 핵심은 출금 전에 증빙을 잘 수취하는 것임을 명심하자.

가끔 남한테 신세 지기를 매우 싫어하는 대표들이 있다. 그들의 특징 중 하나가 대금입금 요청이 들어오면 바로바로 이체해버리는 것이다. 그러면 회사의 매출이 커지면 커질수록 통장에 돈이 없게 될 것이다. 왜냐하면 자신이 제품을 팔아서 받을 돈은 제품 배송 후 두 달 뒤에 받기로 되어 있고, 자신이 매입한 자재비 등은 그때그때 결제해준다면, 아무리 매출을 키워도 통장에 돈이 마를 수밖에 없기 때문이다. 이는 사업 성장에 전혀 도움이 안 된다. 정확하게는 매우 큰 해악이다.

비즈니스는 신용 관계다. 요청할 때 바로 돈을 준다고 신용이 높은 사람이 아니다. 약속한 날짜에 돈을 늦지 않게 주면 충분하다. 매입채무와 미지급금은 반드시 매달 정해진 날짜에 일괄 이체하도록 하자. 처음에는 거래처에서 반감을 가질 수도 있다. 하지만 내가 돈을 지급한다는 것은 계약관계상 내가 갑이기에 (갑질이 아닌) 이 정도 양해는 구할 수 있을 것이다.

줄 돈 관리

- 미지급금 목록을 작성해 관리한다.
- 한 달에 두세 번 약속한 일자에 일괄 출금한다.
- 출금 전 반드시 세금계산서 등의 적격증빙을 수취한다.

세 번째, 자본잠식 여부를 반드시 확인한다

사업이 적자가 지속되다 보면 어느 순간 자본이 마이너스가 되는 경우가 있다. 이를 자본잠식이라고 한다. 자본잠식이 되면 기존의 대출이 연장되지 않고 바로 환수될 가능성이 매우 크다.

자본잠식 → 대출금 회수 → 파산

본인 사업의 재무상태표를 확인할 때 반드시 자본이 마이너스가 아닌지 꼭 확인해야 한다. 만약 이를 발견했을 경우에는 연말까지 어떻게든 개선 방안을 마련할 수 있도록 노력해야 한다.

여기서 실무상 매우 중요한 점이 하나 있다. 상장사처럼 큰 회사의 재무제표는 회사가 작성 후 공인회계사가 검토 혹은 감사까지 해서 외부에 공시되는 자료다. 반면 대부분 중소기업의 재무제표는 공인회계사의 감사를 받지 않기 때문에, 회사가 법인세를 신고할 때 첨부 서류로 들어가는 재무제표를 은행 등의 금융기관에서는 정답지로 간주한다.

그러나 국세청에 첨부되는 재무제표를 표준재무제표라고 부르는데, 본인 회사의 자본잠식 여부를 확인할 때는 반드시 이 '표준'재무상태표라고 적혀 있는 것으로 진행해야 한다. 그냥 재무상태표에서는 자본잠식이 아니지만, 표준재무상태표에서는 마이너스인 경우가 실무에서 제법 많기 때문에 꼭 구분해 확인하도록 하자.

가장 중요한 성적표, 현금흐름표

앞서 유량과 저량의 개념을 설명할 때 기름을 예시로 들었다. 한 달간 100배럴의 기름을 기름통에 부었다고 가정해보자. 그럼 1년 12개월이 지나고 나면 총 1,200배럴의 기름이 기름통에 있을 것이다. 이럴 때 다음과 같이 표시할 수 있다.

- 한 달간 100배럴: '한 달'이라는 기간이 정해졌으므로 유량이다.
- 현재 1,200배럴: '현재'라는 시점이 정해졌으므로 저량이다.

그러나 일반적으로 기름 그 자체보다는 거기서 뽑아낸 '휘발유'가 더 중요하지 않은가? 따라서 단순히 기름에 대한 정보뿐만 아니라 휘발유에 대한 정보도 필요하다. 물론 기름의 양과 휘발유의 양은 어느 정도 비례할 것이다. 하지만 똑같지는 않을 것이다. 한 달간의 기름양을 보여주는 것이 손익계산서라면, 한 달간의 휘발유량을 보여주는 것이 '현금흐름표'다.

회사에서 가장 중요한 핵심은 '현금'이다. 장기적으로 봤을 때 아무리 매출이 크더라도, 현금흐름이 이를 뒷받침하지 못하면 그 회사의 미래는 없다. 결국 돌고 돌아서 현금이 가장 중요하다. 우리가 평소에 보는 손익계산서상의 실적은 실제 현금흐름과는 큰 차이를 보인다. 이론적으로 손익계산서는 발생주의에 따라 만들어지고, 현금흐름표는 현금주의에 따라 만들어지기 때문이다. 어느 것이 더 중요하냐는 질문은 무의미하고 재무상태표, 손익계산서, 현금흐름표 3개가 모두 중요하다.

모든 상장사 또는 회계감사를 받는 회사는 현금흐름표를 만든다. 그리고 이것을 경영을 위한 의사결정에 활용한다. 하지만 90% 이상의 중소기업은 현금흐름표를 작성하지 않는다. 아마도 법인세 신고에 필요한 필수 첨부 서류가 아니기 때문에 수십 년간 자연스럽게 누락해온 것 같다. 그리고 작성하는 데 약간의 난이도가 있기 때문인 듯하다. 그러면 중소기업에는 현금흐름표가 필요 없는가?

절대 그렇지 않다. 사업의 규모만 차이가 있을 뿐 대기업처럼 중소기업도 현금흐름표를 반드시 작성하고 이용해야 한다. 회계 감사를 받지 않는 회사는 현금흐름표 양식에 연연할 필요도 없다. 자신의 사업에 맞는 양식을 만들어서 꾸준히 관리하면 된다.

다음은 중소기업용으로 간단하게 만든 한 달간의 현금흐름표 양식이다.

현금흐름표 참고 양식		(단위: 원)
0. 기초 현금		1,000,000
1. 영업활동 현금흐름		1,000,000
1-① 매출로 인한 입금	3,000,000	
1-② 매입으로 인한 출금	(1,500,000)	
1-③ 종업원 급여	(300,000)	
1-④ 세금 납부	(100,000)	
1-⑤ 기타	(100,000)	
2. 투자활동 현금흐름		(200,000)
2-① 유·무형자산 구입	(400,000)	
2-② 유·무형자산 매각	200,000	

3. 재무활동 현금흐름		400,000
3-① 유상증자	200,000	
3-② 차입금 증가	200,000	
4. 기말 현금		2,200,000

비록 작성은 1, 2, 3 순서로 했지만, 해석은 역순으로 해보겠다. 회사가 자금이 필요해서 20만 원만큼 유상증자를 추진해 주주에게 투자를 받고, 추가로 은행에서 20만 원을 빌려왔다(재무활동 현금흐름으로 40만 원 유입). 그리고 그 돈으로 기계장치 등의 유형과 무형 자산을 40만 원 치 구입했고, 기존의 기계는 20만 원에 매각했다(투자활동 현금흐름으로 20만 원 유출). 구입한 기계로 열심히 사업해 매출은 300만 원 발생했고 동시에 매입, 인건비 등 각종 비용이 200만 원 발생했다(영업활동 현금흐름으로 100만 원 유입). 따라서 이번 달 영업, 투자, 재무활동으로 인한 현금은 총 120만 원 유입되었으며, 월초의 현금 잔액 100만 원을 더해 월말에는 잔액이 220만 원이 된다.

사실 현금흐름표는 실제 돈의 흐름 그 자체이기 때문에 재무제표 중에서 가장 쉽게 이해해야 한다. 하지만 실무로 워낙 손익계산서에 익숙해져 있기 때문에 현금흐름표라고 하면 거부감부터 느끼는 사람이 많다. 그러나 절대로 현금흐름표의 양식에 얽매이지 마라. 그저 현금의 입금과 출금에 대한 부분의 합을 각 항목별로 정리한다고 생각하면, 그 어떤 회계 지식 없이도 누구나 쉽게 만들 수 있는 것이 현금흐름표다. 그래도 처음에 작성이 어렵다면 회계사, 세무사 등 전문가의 도움을 받길 바란다.

만약 "매출도 늘어나고 사업도 계속 커지는데 통장에는 돈이 없어요"와 같은 하소연을 자주 한다면, 지금 당장 현금흐름표를 작성해라! 돈이 없는 이유를 찾게 될 것이다.

세금에 대한
마인드 세팅

지금까지 재무팀의 구성 중 경리와 회계 부문에 대해서 살펴봤다. 원활하고 안정적인 경리 부문이 만들어지고, 재무회계와 관리회계 시스템도 구축되었다면, 이제 세금에 대해 이야기해보자. 이에 대한 자세한 설명은 책을 몇 권을 쓰더라도 모자랄 것이다. 그리고 중소기업은 대부분 회계사와 세무사의 도움을 받아서 세금신고를 진행하는 경우가 많다. 그렇기 때문에 이번 장에서는 실무에 대한 내용은 가급적 배제하고, 사업을 하면서 세금을 어떤 마음으로 받아들여야 하는지를 이야기하겠다. 이로써

사업이라는 세계를 떠나는 날까지 평생 세금 스트레스가 없이
사업하기를 기원한다.

세금은 내는 것이다

사업을 수십 년간 해온 사람일수록 의외로 세금 스트레스가 없
다. 그들은 경험적으로 세금이라는 녀석을 어떻게 대해야 하는
지 알고 있기 때문이다. 세금을 어떻게 바라보느냐에 따라서 향
후 큰 사업가가 될 것인지, 아니면 구멍가게 수준의 사장으로 머
물 것인지 판가름 나는 경우를 정말 많이 봤다. 사업을 하기로

마음먹었으면 세금을 괴물로 보고 도망갈 것인지, 아니면 사업의 '친구'라고 생각하고 함께할 것인지 진지하게 고민해보고 선택하자. 세금을 무조건 피하는 게 능사가 아니다. 피하려고 해도 피할 수는 있는가?

"세금과 죽음을 제외하고 확실한 것은 하나도 없다."
- 벤저민 프랭클린(Benjamin Franklin)

사업으로 자신의 주머니에 돈이 들어오면 그 밑에 크게 2명이 입을 벌리고 있다. 바로 '정부'와 '직원'이다. 정부가 세금을 내놓으라 하고, 직원들에게는 월급을 지급해야 한다. 세금을 안 내면 압류가 들어와 사업을 할 수 없을 뿐 아니라 경매 절차를 통해서 회사 자산도 매각될 수 있다. 그렇다면 월급은 어떠한가? 직원들의 월급에 해당하는 임금채권은 경매 절차에서 근저당을 설정한 은행의 빚(차입금)보다도 우선순위가 높다. 그만큼 임금채권은 나라에서도 보장해주는 최우선적 지위를 가진다. 사업을 하면서 돈 나갈 곳은 수도 없이 많겠지만, 돈이 들어온 주머니 바로 밑에 입을 벌리고 있는 정부와 직원을 반드시 명심해야 한다.

세금은 돈 주머니에 뚫린 구멍 같은 존재다. 그냥 돈이 들어오면 반드시 새어 나가야 하는 구멍이다. 그 구멍을 막으려고 수천 년간 수많은 사람이 시도했지만 결과적으로는 모두 실패했다. 당신이 지금 당장 떠올릴 수 있는 대부분의 세금 회피 방법은 조금만 더 알아보면 대개 법적으로 금지된 탈세 전략이다. 세상은 그렇게 호락호락하지 않다. 남들이 이미 다 시도해보고 잠시 그 편법이 허락되었던 적이 있었더라도 결국에는 법을 개정해서 더 이상의 샛길은 허락하지 않는다.

세금은 '내야 하는' 것이라고 인정하기 힘들어하는 대표가 꽤 많다. 그들은 늘 입에 다음과 같은 한탄을 달고 다닌다.

"세금 때문에 미치겠어요."

"이 세금 안 내는 방법은 없어요?"

회계사도 세금을 내고 산다. 세무사도 세금을 내고 산다. 회계사 가족들도, 세무사 가족들도 다 같이 세금을 내고 산다. 만약 세금을 안 내는 특별한 방법이 있었다면, 일단 회계사와 세무사부터 세금을 안 내고 잘 살고 있었지 않겠는가? 그러나 주위에 그런 경우는 없다. 회계사와 세무사들도 이 생각이 제대로 서 있지 않으면 결국은 범죄의 길로 빠지거나 아슬아슬한 범법의 줄타기를 하게 된다. 가끔은 대표 중에서도 수년간 이런저런 방법으로 탈세했다고 자랑하는 경우가 있는데, 그러다가 세무조사를 한 번만 받으면 지금까지 탈세한 금액의 몇 배를 지불해야 할 수도 있다. 그럼 바로 가세가 기운다. 세금을 내지 않고 사업을 계속하는 것은 깨질 듯 말 듯 한 얼음 위에서 스케이트를 타는 것과 같다. 당장은 괜찮아 보일지라도 언제든지 저 아래로 추락할 수 있다.

남의 물건을 훔치면 기분이 어떨까? 평소에 물건을 자주 훔치는 사람이 아니라면 콩닥콩닥, 조마조마할 것이다. 나쁜 짓이기 때문이다. 세금을 안 내면 어떤 기분이 들어야 할까? 내야 될 세금을 안 내는 것은 불법이기 때문에 콩닥콩닥, 조마조마해야 할 일이다.

하지만 많은 경우 탈세가 자랑이 되고 심지어 "나중에 걸리면 그때 낼게요"라고 말한다. 세금을 정정당당하게 냈을 때 비로소 안정적으로 재산을 축적할 수 있다. 탈세하면서 쌓은 부를 자랑하다가 한 방에 나락으로 떨어진 유명인들을 언론에서 자주 보지 않았는가?

그렇다면 우리가 낸 세금은 어디에 쓰일까? 우리 사회를 지탱해주는 공무원들의 월급으로도 나가고, 각종 도로와 건물 같은 공공재를 만드는 데도 쓰이며, 사회적 약자들의 복지에도 필요하다. 필자는 종교는 없지만 교회를 열심히 다니는 사람 중에

수입의 10%를 납부하는 십일조를 지키는 사람들이 있다. 그들이 그 금액을 왜 낼까? 교회 구성원으로서 일정 역할을 하기 위해 당연히 내는 게 아닐까? 세금도 마찬가지다. 사회 구성원으로 대한민국에서 사업을 하기 위해 '당연히' 내는 것이다. 더 이상 스트레스 받지 말자!

소득이 있는 곳에 세금이 있다

대한민국에서 돈을 벌었으면, 즉 소득이 생기면 세금을 내야 한다. 소득이 있는 곳에 세금이 있다는 말은 세금의 기본 원칙을 가장 잘 나타내는 말이다.

부동산을 1억 원에 사서 3억 원에 팔면 2억 원을 벌게 된다. 즉 2억 원의 소득이 생긴다. 그러면 국가에서 그 2억 원에 적정 세율을 곱해서 세금이라는 명목으로 돈을 가져간다. 앞선 비유처럼 주머니에 뚫린 구멍으로 돈이 자동으로 새어 나간다. 반대로 만약 부동산을 1억 원에 사서 5,000만 원에 판다면 5,000만 원의 손실을 보게 된다. 이 경우에도 세금을 내는가? 절대로 안 낸다. 세금은 돈을 벌었을 때, 즉 '소득'이 있을 때 발생한다!

대한민국에서 사업으로 돈을 벌어야지 세금을 낼 수 있다. 돈을 벌지 못해 소득이 없으면 세금을 한 푼도 낼 필요가 없다. 정확하게는 세금을 내고 싶어도 낼 수가 없다. 당연한 말 같지만 의외로 다음과 같이 말하는 대표가 많다.

"사업에서 손해를 보고 세금만 엄청 냈어요!"

이건 앞뒤가 맞지 않는 말이다. 그러나 이렇게 이야기하는 이유는 크게 두 가지 정도라고 생각한다.

첫 번째, 손해인 것 같지만 실제로는 돈을 벌었기 때문이다. 자신이 목표한 만큼 사업이 안되어서 화가 날 수는 있겠지만, 자신이 사업체를 운영하며 굶어 죽지 않고 지금까지 살아 있다면 어느 정도의 소득이 발생했을 가능성이 높다. 그래서 그에 해당하는 세금이 소득의 크기와 관계없이 발생한 것이다. 그리고 이런 경우의 상당수는 월 결산을 하지 않아 실제로 자신이 사업으로 얼마를 버는지조차 파악하지 못하고 있는 대표들이다. 자신이 지난달에 손해를 봤는지 이익을 봤는지 모르며, 손해를 봤다는 것을 알아도 얼마나 손해를 본 것인지 숫자로 파악하고 있지 못할 가능성이 크다.

두 번째, 그냥 세금이 싫은 경우다. 실제로는 어느 정도 돈을 벌어서 세금이 나오는 것인데, 세금 자체가 너무너무 싫은 경우

늘 입버릇처럼 이렇게 말하고는 한다.

"장사는 안되는데 세금만 엄청 나오네."

"세금 때문에 미치겠어."

"세금만 없으면 그래도 괜찮을 거 같은데."

그러면서 세금에 대한 증오심은 점점 쌓인다. 눈치챈 독자도 있겠지만 필자는 앞에서 세금을 안 낼 수 있는 어마어마한 절세 노하우를 공개했다.

"소득이 없으면 세금도 없다!"

세금을 내기 싫으면 돈을 못 벌면 된다. 소득이 없으면 절대로 세금도 없다. 필자가 학문적으로 연구한 적은 없지만, 세금에 대한 스트레스가 매우 큰 대표일수록 사업이 더 이상 성장하지 않는 경우가 많다. 어떻게 보면 당연한 섭리가 아니겠는가? 매출액을 키워서 돈을 많이 벌면 당연히 세금은 많이 나오는 것인데, 세금을 내기 싫어 미치겠다는 생각으로 중무장해 있으면 그 스트레스를 어찌 감당하겠는가? 저절로 매출액은 점점 줄어들고, 세금은 자신이 감당할 수 있는 수준으로 내려올 것이다.

세금을 내는 것은 내가 그만큼 돈을 벌었기 때문이고, 내야 할 세금이 너무 많다는 것은 내가 돈을 어마어마하게 벌었다는 뜻이다. 세금 때문에 계속 스트레스를 달고 다니는 대표는 우주의 에너지가 그 스트레스를 점점 줄여주는 방향으로 응축된다. 그래서 결국 사업이 쪼그라들게 되고, 나중에 정신을 차려보면 이런 생각이 들 것이다.

'세금 좀 내고 싶다!'

탈세 말고 절세

탈세의 유혹은 실로 달콤하다. 한번 시작하면 멈출 수가 없다. 그래서 애초에 발을 들이지 말아야 한다. 시중에 '절세' 전략이라고 구두로 전해지는 내용의 8할은 '탈세' 전략이라고 봐도 무관하다.

그렇다면 합법적으로 절세하려면 어떻게 해야 할까? 세법을 제법 진지하게 공부해야 한다. 국세청이 제공하는 자료에도 사업자를 위한 절세 제도를 안내하는 내용이 많다. 기본이 몇백 페이지다. 그중 자신의 사업에 맞는 것을 찾아내서 실수 없이 적용하기 위해서는 꽤 많은 양의 지식과 경험이 필요하다. 그래서 절세를 제대로, 합법적으로 하고 싶다면 공부해야 한다.

하지만 99%의 대표는 세금을 공부할 시간이 없을 것이다.

사업만 하기도 너무나 바쁘다. 그래서 있는 것이 회계사와 세무사 같은 세무대리인 제도다. 이들을 잘 활용하면 된다. 수많은 세무사무소 중 합법적으로 절세 서비스를 제공해주는 곳을 찾으면 된다.

시중의 세무사무소를 크게 세 가지로 나눌 수 있다.

① 부동산형: 부동산 세금을 전문으로 처리해주는 곳

② 박리다매형: 사업자 세금을 아주 싼 가격에 처리해주는 곳

③ 고가기장형: 박리다매형과 비슷하지만 더 비싼 요금으로 처리해주는 곳

물론 대부분의 세무사무소는 이 중 단 한 군데에만 포함되기보다 두세 군데에 걸친 교집합에 속해 있을 것이다. 그러나 설명의 편의상 세 가지로 칼같이 나눠 살펴보자.

부동산형 세무사무소는 주로 양도소득세, 상속세, 증여세 등 부동산 관련 세금을 전문적으로 처리하는 회계사와 세무사가 운영한다. 따라서 일반적으로 사업자 세금신고에 큰 관심이 없는 경우가 많다. 부동산형을 제외한 일반적인 사업자 세금을 많이 담당하는 세무사무소는 크게 박리다매형과 고가기장형으로 나눌 수 있는데, 가장 큰 차이는 청구하는 월 수수료다. 당연히 박

리다매형은 싸고, 고가기장형은 그보다 훨씬 더 비싸다. 그렇다면 자신이 합법적인 절세를 최대로 하고 싶다면 어떤 세무사무소를 찾아가야 할까? 당연히 조금 더 비싼 곳을 가야지 뭐라도 더 챙겨주지 않겠는가?

물론 고가기장형에 맡겼는데도 소위 돈값을 못하는 경우가 있을 것이며, 박리다매형에 맡겼는데도 엄청나게 일을 잘하는 경우가 있을지 모른다. 하지만 상식적으로 생각해보자. 고가기장형인데 돈값을 못 하면 그 세무사무소는 1~2년을 버티기 어려울 것이다. 다른 사업자들이 큰돈을 내고 그곳에서 서비스를 받는 이유는 단 한 가지 아닐까? 돈값을 하기 때문에!

반대로 자신이 찾은 박리다매형 사무소가 고가기장형 사무소보다 훨씬 더 일을 잘해서 큰 절세 혜택을 줄 수도 있지 않나 기대해볼 수도 있다. 그러나 요즘처럼 정보가 빠른 시대에 그런 슈퍼맨 같은 세무사무소가 있었다면 다른 곳은 다 망하고 거기만 살아남았을 것이다. 그게 세상의 이치가 아닐까?

앞에서도 언급했듯이 제대로 된 절세 전략은 하늘에서 뚝 떨어지지 않는다. 세법도 검토해야 하고 경우에 따라 리스크도 미리 확인해야 한다. 즉 제법 많은 시간과 노력이 들어가는 일이라는 것이다. 자신이 제법 그럴듯한 규모로 사업을 하고 있거나 앞으로 크게 키울 계획에 합법적인 절세를 최대한 하고 싶다면, 그에 걸맞은 수수료를 지불하고 제대로 된 서비스를 받기를 추천한다.

정말 운이 없지 않는 한 자신이 낸 수수료의 몇 배에 해당하는 효익을 얻을 수 있을 것이다. 그렇지 않고는 그 세무사무소가 문을 닫지 않고 버티겠는가?

탈세는 이제 그만하자! 합법적인 절세를 하자! 그러기 위해서 전문가에게 합리적인 비용을 지불하자. 세무사무소는 전국에서 가장 싼 곳을 찾고 싶고, 내 사업체에 맞는 절세 컨설팅은 전국에서 가장 최고로 받고 싶다면 너무 욕심쟁이가 아닌가?

동종업계를 편든다고 비난할 수도 있겠지만, 사업하는 대표라면 이러한 기브 앤 테이크(Give and Take) 원리를 누구보다 체득하고 있어야 한다고 생각한다. 오가는 것이 1 대 1로 동등하지는 않아도 어느 정도 비슷해야 합리적이지 않을까? 필자의 경험상 사업을 크게 하는 대표들은 전문가에게 적절한 보수를 쉽게 잘 지급한다. 반대의 경우는 수수료에 매우 민감하다. 한 푼이라도 더 깎으려는 전략과 전술이 난무한다. 전문가도 사람인지라 받은(Take) 보수에 따라 주는(Give) 서비스가 당연히 달라지게 된다. 이것 또한 당연한 세상의 이치가 아닐까?

당신의 사업은
팔 수 있나요?

이제 재무팀의 마지막 부문 '전략'이다. 전략이라는 말이 너무 광범위하다면 그냥 '사업계획'을 세우고 추진하는 행위 정도라고 명확히 해둔 후 논의를 진행해보자. 필자가 실무에서 많은 중소기업 대표를 만나며 가장 놀랐던 사실 중 하나가 사업계획을 세우는 회사가 많지 않다는 점이다. 대표의 머릿속에 대략적인 계획은 다들 있다. 하지만 이것이 엑셀로 정리된 경우는 10% 미만이며, 사업계획이 구성원들에게 명확히 공유된 경우는 1%도 되지 않는 것 같다.

재무팀의 전략

세무

경리   회계   전략   CFO   CEO

　사업계획을 어떻게 작성할지에 대해 이 책에서 모두 정리하기에는 다양한 상황이 있어서 거의 불가능에 가깝다고 생각한다. 그렇기 때문에 이번 장에서는 사업계획을 세울 때 가장 중요한 태도에 대해 강조하겠다. 태도가 확실한 사람은 '사업'계획을 세울 수 있고, 만약 그렇지 않다면 '장사'계획을 세우면서 사업계획을 세운다고 착각할 뿐이다.

　한 가지 경험이 떠오른다. 어느 날 아침이었다. 필자의 기억이 맞다면 오전 8시가 갓 넘었을 것이다. 평소에 알고 지내던 한 의원 원장의 메시지였다. 신문기사를 하나 공유해주며 이렇게 물었다.

"기사를 보면 모 한방병원이 ○백억 원에 매각되었다는데요. 그렇다면 매출액에 비례해서 제 한의원도 ○십억 정도에는 나중에 매각할 수 있지 않나요?"

원장의 흥분이 느껴지는 메시지였다. 회계사에게 얼마나 빨리 확인받고 싶었으면 이렇게 이른 시간에 메시지를 보냈을까? 은퇴 시 ○십억 원을 거머쥐는 모습을 상상했을 것이다. 이 질문에 대한 결론부터 이야기하겠다.

"모 한방병원은 ○백억 원에 팔릴 수 있지만, 원장님의 한의원은 그런 가격에 팔릴 수 없습니다!"

이에 대한 이유를 살펴보면, 기사의 한방병원은 원장이 누구인지에 그렇게 영향을 받지 않을 것이다. 따라서 새로운 사업자가 한방병원을 인수해도 매출액이 크게 달라지지는 않는다. 하지만 일반적인 개인병원은 원장의 실력과 명성이 곧 그 병원의 전부다. 그런 병원에서 원장을 뺀다면 껍데기밖에 남지 않으므로 아무도 비싼 가격에 사지 않을 것이다. 그냥 오래된 병원이라면 으레 그곳으로 찾아오는 환자들이 있을 터이므로, 그에 대한

가치 더하기 감가상각을 제외한 인테리어 비용 정도가 개인병원을 매각할 때 받을 수 있는 전부다. 이분법적으로 구분해서 말하자면, 한방병원은 사업을 한 것이고 개인 한의원은 장사를 한 것이다.

필자는 사업과 장사의 가장 큰 차이가 대표자를 지울 수 있는가 없는가로 본다. 대표자를 지울 수 없는 사업은 절대로 팔 수 없다. 현행법상 사람을 사고팔 수는 없기 때문이다.

팔 수 있어야 사업이다

열심히 일하는 것이 잘못된 건 아니지만 그래서는 절대로 자신의 사업을 다른 사람에게 팔 수 없다.

그렇다. 사업은 무조건 팔 수 있어야 한다. 팔 수 있어야지 비로소 사업이다!

"나는 내 사업을 평생 하고 싶은데?"

평생 사업을 하더라도 팔 수 있어야 한다. 아무리 들어도 이게 무슨 말인지 도통 이해가 되지 않는다면, 아마도 '하루 종일 일하고 있는 대표'일 가능성이 매우 높다. 사람의 수명이나 건강은 한계가 있다. 그 어떤 사람도 천년만년 사업을 할 수 없다. 자신이 죽으면 자식들이 물려받든지, 다른 사람이 이어서 하든지 해야 한다. 따라서 늘 사업의 끝을 생각하면서 사업을 해야 한다. 그러면 자신의 사업을 바라보는 관점이 완전히 달라질 것이다. '나'라는 존재가 없더라도 사업이 굴러갈 수 있어야 한다. 그래야지 자식이든 다른 사람이든 이어서 할 수 있지 않겠는가?

사업을 실제로 팔고자 할 때도 똑같다. 나의 사업이 내가 없어도 똑같이 유지될 수 있어야 다른 누군가가 내 사업을 돈 내고 사갈 것 아닌가? 아니면 나도 같이 묶어서 팔아야 하는 웃지 못할 상황이 벌어진다. 현재 신문을 떠들썩하게 하고 있는 많은 유니콘 기업을 봐라. 그 창업자들이 어떻게 그런 천문학적인 돈을 벌었는지를. 대부분 회사를 '매각'할 때 비로소 돈을 번다. 회사를 팔 수 있는 형태로 갖춰놓았을 때 드디어 하늘에서 내리는 기회가 찾아온다.

회사의 사업계획은 반드시 장사계획이 아닌 사업계획이어야 한다. 앞으로 몇 년 안에 어떤 과정을 거쳐 회사를 남에게 팔 수 있는 형태로 성장시킬 것인지에 대한 시나리오가 담겨야 한다. 단순히 '대표를 포함한 조직원이 몇 배로 열심히 하면 몇 배로 더 성장할 거예요'라는 것은 장사계획에 지나지 않는다.

시스템이 사업이다

사업을 시작할 때부터 '시스템'이라는 세 글자를 명심해야 한다.

"어떻게 하면 내 사업을 시스템화할 것인가?"

대표가 할 수 있는 가장 중요한 질문 중 하나다. 회사의 모든 것을 시스템화할 수 있도록 끊임없이 노력해야 한다.

『무인양품은 90%가 구조다』라는 책이 있다. 위기에 처한 무인양품이라는 회사를 극적으로 회생시켜 글로벌 기업으로 성장시킨 마쓰이 타다미쓰(松井忠三) 회장의 경영 철학이 담긴 책이다. 이 책의 핵심 키워드가 '구조(System)'다.

마쓰이 회장은 조직의 근간이 구조이며, 구조가 제대로 구축되어 있지 않으면, 아무리 구조조정을 해도 부진의 근본 원인이 제거되지 않아 쇠퇴를 면하기 어렵다고 강조한다. 그러므로 모든 노하우를 '표준화한 매뉴얼'로 만들어 철저히 실행하라고 조언한다. 그 과정에서 노력이 성과로 이어지는 구조, 경험과 감을 축적하는 구조, 낭비를 줄이는 구조가 만들어지고 조직의 체질까지 바뀌게 된다는 주장이다.

만약 현재 자신의 사업에 표준화된 매뉴얼이 없다면 그 대표는 사업을 하는 것이 아니라 장사를 하고 있는 것이다. 하나하나 대표의 손길이 닿아야지만 자신의 사업이 굴러간다면 그게 진정 사업이라고 할 수 있을까? 장사라는 게 나쁘다는 의미가 아니다. 장사는 자신의 노동력의 연장선이라는 측면에서 근로자와 개념 적으로 차이가 없다. 심지어 근로자들보다 경제력이 더 취약한 경우도 많다.

자신의 사업 전반에 걸쳐 다음과 같이 3단계로 질문해보자. 그리고 끊임없이 개선해나가자. 그래야 비로소 자신의 사업에도 시스템이 생긴다. 시스템이 곧 사업이다!

Q1. 표준화된 매뉴얼이 있는가?

Q2. 매뉴얼의 내용 중 자동화할 수 있는 부분은 없는가?

Q3. 아웃소싱하는 것이 더 효율적이고 효과적인 업무는 없을까?

미래를 이야기하는 사람이 CFO다

중소기업에 CFO가 과연 필요할까? 필자는 반드시 필요하다고 생각한다. CFO라는 직함은 없더라도 누군가는 CFO의 역할을 해야 한다. CFO의 역할을 정의 내리기는 쉽지 않지만 필자가 생각하는 중요한 세 가지 핵심 역할은 다음과 같다.

CFO의 역할

① 미래에 대한 이야기를

② 과거의 근거를 가지고

③ 바쁜 대표를 붙들고 꾸준히 이야기하는 것

CFO는 미래를 이야기해야 한다. 미래에 회사가 어떤 시스템을 갖춰서 어떤 형태로 팔 것인지를 고민할 줄 알아야 한다. 다시 한번 말하지만, 실제로 회사를 팔지 않더라도 반드시 '언젠가는 팔고야 만다'는 생각으로 사업을 봐야 한다. 그리고 이런 사업계획은 허무맹랑한 이야기가 아니라 과거의 실적으로 뒷받침되어야 한다. 따라서 CFO는 그 앞 단계인 경리, 회계, 세무 업무 또한 꿰뚫고 있어야 한다.

CFO의 가장 중요한 책임은 이런 미래에 대한 계획을 CEO와 꾸준히 논의하는 것이다. 많은 경우 대표들은 바쁘고 재무를 귀찮아한다. 하지만 재무의 중요성을 지속적으로 환기하고 CEO의 일정 시간 이상을 재무로 뺏어오는 역할 또한 CFO의 일이다.

압도적으로 빠른 성장을 위한 치트키, 아웃소싱

지금까지 경리, 회계, 세무, 전략(CFO) 부문에 대해서 하나씩 살펴봤다. 재무팀을 구성하는 데는 이 네 가지 부문 모두가 중요하다. 각각의 부문에 맞게 직원을 채용할 규모가 되지 않을 때는 기존의 구성원 간에 업무를 나눠 부담해야 한다고 이야기했다. 하지만 실질적으로 이렇게 하기란 쉽지 않다. 어느 세월에 하나하나 업무를 정의해서 일을 나누고 있냐고 하소연하는 대표를 수도 없이 봤다.

그렇다고 절대로 걱정할 필요 없다. 자신이 잘 못하는 것은 남에게 시키면 된다. 그 대표적인 방법이 바로 '아웃소싱'이다. 심지어 비용도 본인이 직접 처음부터 다 하는 것보다 적게 드는 경우가 많다. 아웃소싱 업체 입장에서는 다수의 고객을 상대하기 때문에 그만큼 효율적으로 인력을 구성할 수 있어 비용을 절감할 수 있기 때문이다.

많은 경우 자신의 사업체 내에 재무팀을 갖추는 것보다 외부 전문회사에 아웃소싱하는 것이 훨씬 더 편리하고 그 결과물도 우수하다. 이미 미국의 많은 회사는 경리와 회계 기능을 인도나 필리핀으로 이전했다. 우리나라는 언어의 한계 등으로 인해 해외 아웃소싱은 제약이 있는 경우가 많지만, 국내에서도 점점 더 전문화된 서비스를 제공하는 아웃소싱 업체들이 많이 생기고 있다. 그러니 늘 열린 태도를 가지고 사업의 '파트너'를 찾아보자.

재무팀의 각 부문은 모두 아웃소싱이 가능하다.

① 경리: 경리 아웃소싱

② 회계: 회계 아웃소싱

③ 세무: 세무 아웃소싱

④ 전략: CFO 아웃소싱

우리나라보다 선진 금융시장으로 불리는 미국에서 요즘 일반화된 서비스가 바로 CFO 아웃소싱 서비스다. CFO 업무까지 아웃소싱되는 세상인데 경리, 회계, 세무 업무는 당연히 가능하다. 잘 찾아보면 다 된다. 관심을 가지지 않거나 남한테 맡기는 것 자체를 싫어해서 보이지 않을 뿐이다. 아웃소싱만 잘 활용해도 경쟁자보다 빠른 속도로 앞서 나갈 수 있다. 필요한 부문에 딱 알맞은 아웃소싱은 사업 성장의 추월차선이다!

돈 버는 절대 회계

초판 1쇄 발행 2022년 12월 7일
초판 3쇄 발행 2023년 1월 11일

지은이 박경민
브랜드 경이로움
출판 총괄 안대현
책임편집 이동현
편집 김효주, 정은솔, 이제호
마케팅 김윤성
표지 디자인 김예은
본문 디자인 윤지은

발행인 김의현
발행처 (주)사이다경제
출판등록 제2021-000224호(2021년 7월 8일)
주소 서울특별시 강남구 테헤란로33길 13-3, 2층(역삼동)
홈페이지 cidermics.com
이메일 gyeongiloumbooks@gmail.com(출간 문의)
전화 02-2088-1804 **팩스** 02-2088-5813
종이 다올페이퍼 **인쇄** 천일문화사
ISBN 979-11-92445-17-5 (03320)